당신의 격이
당신의 인생을 만든다

뇌신경과학 전문의가 제안하는 48가지 생각 프레임

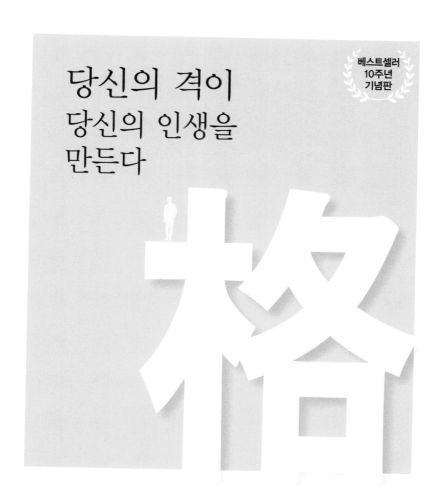

당신의 격이
당신의 인생을
만든다

베스트셀러
10주년
기념판

뇌신경과학 전문의가 제안하는 48가지 생각 프레임

마음을 움직이는 베스트셀러 작가 허쳴펑 저 · 신혜영 역

정진 Life

'격'은 성공의 결과가 아닌, 성공의 요인이다

서문을 새롭게 한 번 더 써달라는 편집자의 이메일을 받았을 때 나는 10년 전 막 교단에 섰을 때가 떠올랐다. 당시 내가 만난 젊은 학생들은 대부분 비슷한 문제를 겪고 있었다. 자아 가치가 떨어지고, 힘든 일보다는 편하고 쉬운 일만 바라며, 지나치게 높은 곳만 바라보고, 타인과의 관계가 어렵고, 스트레스에 대처하는 능력이 부족하고, 권태로운 생활을 하고 있고, 미래를 생각하면 막막하고 당혹스럽기만 하고……

처음에는 '요즘 아이들은 다 그렇지!'라고 생각했다. 하지만 이런 고정관념을 지니는 게 얼마나 중대한 잘못인지 뒤늦게 깨달았다. 그들이 지금 겪고 있는 어려움을 사실은 우리도 예전에 겪었다.

그런데 문제는 학교는 이런 걸 가르쳐주지 않는다는 거다. 이런 어려움을 어떻게 마주해야 하는지 알려주는 사람도 없다. 그래서 그들은 스스로 겪어내고 스스로 알아갈 수밖에 없다. 그리고 그 과정에서 끊임없이 시행착오를 겪는다. 우리가 젊은 시절에 그랬던 것처럼.

물론 나이가 들어가며 경험치가 쌓이면 자연스럽게 조금씩 알게 된다. 그런데 반백 년을 살고 나서야 깨닫는 건 너무 많은 시간을 낭비하는 게 아닐까? 조금이라도 일찍 깨달아서 실천할 수 있다면 아까운 시간을 허비하지 않아도 되지 않을까? 그것이 바로 이 책이 나오게 된 이유다.

'끝을 염두에 두고 시작하라.'

이것이 이 책의 기본 개념이다. 10년 후 당신이 어떤 사람으로 살아갈지는 10년 후에 결정되는 것이 아니라 현재의 생각과 말과 행동으로 결정된다. 같은 일을 겪어도 그 일을 대하는 생각과 경험하는 내용은 사람마다 다르다. 같은 문제에 직면해도 그 문제를 받아들이는 태도와 그에 따르는 결과는 모두 다르다. 똑같이 계획을 세워도 내일만 준비하는 사람과 향후 10년을 준비하는 사람의 인생은 다를 수밖에 없다.

똑같이 시작했는데 결과가 다른 이유는 무엇일까? 똑같이 애썼는데 성과가 다른 이유는 무엇일까? 똑같은 기회가 주어졌음에도 왜 누구는 그 기회를 잡지 못하는 걸까? 같은 학교, 같은 학년, 비슷한 성적의 학생이었는데 왜 나중에 이룬 성과가 다른 걸까? 이 모든 물음의 답은 '격'에 있다.

"격이 일생을 좌우한다."
"능력보다 격이 더 중요하다."
"격의 크기가 성공의 크기를 결정짓는다."
이런 말들에서 알 수 있듯이 '격'은 성공의 결과가 아니라 성공의 요인이다.

프라이팬의 크기에 따라 부침개의 크기가 정해지며, 배의 크기에 따라 화물의 적재량이 정해진다. 시야가 좁은 사람은 성공하기 어렵고, 마음이 좁은 사람은 모든 것을 부정적으로 바라본다. 늘 이해득실을 따지는 사람은 사소한 것에 연연할 것이며, 자기보다 힘없는 사람과 분쟁하는 데 시간과 에너지를 쏟는 사람은 결국 그들과 같아질 것이다.

당신이 충분히 노력했음에도 상황이 달라지지 않는다면 대부분의 이유는 '격'에 문제가 있기 때문이다. 당신이 가진 능력은 당신에게 무엇인가를 얻게 해주겠지만, 마지막에 어디에 서 있을지를 결정하는 것은 당신의 '격'이다. 정상에 오르는 생각을 안 해본 사람은 절대로 정상에 다다를 수가 없다.

이 책이 출판된 뒤 책의 메시지가 가슴에 깊이 와닿았고 인생에 긍정적인 영향을 주었다는 독자의 후기를 정말 많이 접했다. 이 책을 '독서 감상문' 과제로 내준 학교도 있고 '권장 도서'로 삼은 기관도 있다고 들었다. 독서 토론회 모임의 주제 도서로도 많이 쓰인다고 한다. 작가로서 이보다 더 큰 기쁨과 응원도 없을 것이다.

지금은 스마트폰 시대라고 하지만 나는 특히 젊은 학생들이 책을 많이 읽으면 좋겠다. 독서는 능력을 키우는 데도 도움이 되지만 무엇보다 넓게 사고하고 멀리 바라볼 수 있는 힘을 키워준다. 즉 독서를 통해 미래를 내다볼 수 있고 세상을 넓게 볼 수 있다.

그리고 그것이 바로 당신의 '격'이 된다.

허쳰펑

인생은 그 사람이 품은
'격'에 달렸다

　　　　한 사람의 사회적 지위는 경쟁자를 보면 알 수 있고, 그 사람의 격은 친구를 보면 알 수 있다.

운이 좋은지는 누구와 비교하는지에 달렸고, 일을 잘하는 사람인지 아닌지는 어디에서 활약하는지에 달렸다. 얼마나 높이 오를 수 있을지는 뿌리가 얼마나 깊은지를 봐야 알 수 있고, 얼마나 많이 담을 수 있을지는 얼마나 비웠는지를 봐야 알 수 있다.

자신감이 있는지는 자신을 믿는지에 달렸고, 위기를 극복할 수 있을지는 그 사람의 인생관을 보면 알 수 있다. 소망을 이룰 수 있을지는 그 사람이 욕망을 얼마나 극복할 수 있는지에 달렸고, 큰일을 이룰 수 있을지는 작은 일을 대하는 태도를 보면 알 수 있다.

성공할 수 있을지는 얼마나 많은 사람을 이겨왔는지가 아니라 얼마나 많은 사람을 성공할 수 있도록 도왔는지를 보면 알 수 있으며, 인생이 어떻게 흐를지는 그 사람이 지닌 그릇의 크기에 달렸다.

자신을 컵이라고 상상해보자. 당신의 컵에는 얼마를 담을 수 있을까? 1리터짜리 용기에는 1리터만 담을 수 있다. 얼마나 많이 담을 수 있을지는 용기의 크기에 달렸으며, 그 안에 담긴 내용물의 차이는 크지 않다.

열린 마음과 큰 그릇을 지닌 사람은 모욕이든 비난이든, 득실이든 성패든 모두 잘 넘길 수 있다. 커다란 호수에는 횃불이 떨어져도 불씨가 금방 꺼지고, 소금 한 바구니를 쏟아도 금방 녹는다. 만약 같은 양의 소금을 한 컵의 물에 쏟으면 어떻게 될까?

사소한 문제 앞에서 사람들은 왜 그토록 크게 분노하고 좌절하는 걸까? 그렇다. 품은 세상이 너무 작기 때문이다. 중국 송나라의 시인인 소동파의 작품 〈후적벽부〉에 '산고월소(山高月小), 수락석출(水

落石出)'이라는 구절이 있다. '산이 높으면 상대적으로 달이 작아 보이며, 물이 빠지니 돌이 드러난다.'는 뜻이다. 사람도 다르지 않다. 어려움에 부딪쳤을 때 그 사람의 진짜 모습이 드러난다. 그릇이 클수록 원망이 적고, 도량이 넓을수록 길이 넓어진다. 즉 넓은 세상을 품은 사람에게는 사소한 문제는 아무것도 아니다.

어느 왕이 벽에 선을 하나 그리더니 신하들에게 그 선을 건드리지 않고 짧게 만들 수 있느냐고 물었다. 대부분의 신하들이 절대로 불가능한 일이라고 생각하며 어찌할 바를 몰랐는데, 그중 한 명이 벽 앞으로 나오더니 왕이 그린 선 옆에 그보다 더 긴 선을 그렸다. 그 신하는 왕이 그린 선을 건드리지 않았으나 더 짧아 보이게 만들었다.

높은 산 옆에 뜬 달은 작아 보이지만, 사실 달의 크기는 언제나 변함없이 똑같다. 강물이 마르면 물속에 있던 돌이 더 많이 드러나지만, 돌은 늘 같은 자리에 굳게 박혀 있으며 움직이지 않는다. 마찬가지로 당신에게 어떤 어려움이 생기더라도 당신은 원래의 당신이다.

인생의 색깔은 당신이 어떤 사람을 알고 지내며, 어떤 말을 하며, 어떤 인상을 주며, 어떤 태도를 지니며, 어떤 난관을 겪으며, 어떤 생각을 하며, 어떤 행동을 하는지에 달려 있다. 당신에게 필요한 것은 '그보다 더 긴 선'이다.

화살은 홀로 날아갈 힘이 없지만 잔뜩 당긴 활시위가 화살을 힘차게 쏘아 주면 멀리 날아갈 수 있다. 호수의 물은 잔잔하고 아무 움직임이 없어 보이지만 둑이 무너져 물이 쏟아지면 완전히 달라진다. 이처럼 인생은 그 사람이 품은 '격'에 달렸다.

허쥔펑

차례

10주년 특별판 서문 '격'은 성공의 결과가 아닌, 성공의 요인이다
서문 인생은 그 사람이 품은 '격'에 달렸다

PART 1

당신은 자신이 어떤 사람이라고 생각하는가?

01 _ 자신의 재능과 장점을 발견하라   18
02 _ 중요하게 여기는 대상이 가치 있는 대상이다   22
03 _ 나 자신을 있는 그대로 받아들이자   26
04 _ 사람은 비교할 수 없다   31
05 _ 당신에게 맞는 자리를 찾았는가?   34
06 _ 당신의 격이 당신의 인생을 만든다   39

PART 2

당신과 주변 사람들

07 _ 바꿔야 할 것은 어쩌면 당신의 친구다   46
08 _ 다른 사람을 끌어내리려 하지 말고 당신의 뒤부터 관리하라   50
09 _ 당신의 감정은 당신의 것인가, 남의 것인가?   54
10 _ 단 하나로만 결론지으려 하지 말고 넓게 사고하자   58
11 _ 다른 사람이 원망스럽고 마음에 안 들 때는 당신 자신을 되돌아보라   62
12 _ 당신의 우정 통장에는 얼마가 저축되어 있는가?   66

PART 3

당신이 하는 말들

13 _ 당신이 지금 흉보는 사람은, 사실은 당신 자신이다   72

14 _ 문단속하듯이 입단속을 해야 한다   76

15 _ 당신도 최면술사가 될 수 있다   80

16 _ 말이 씨가 된다   84

17 _ 남의 기대 속에서 내가 성장한다   88

18 _ 찬물을 끼얹는 사람이 아니라 향수를 뿌려주는 사람이 되자   92

PART 4

당신이 타인에게 주는 느낌들

19 _ 당신의 표정과 말투도 메시지다   98

20 _ 진정으로 강하기에 약할 수 있다   102

21 _ 꼿꼿이, 바르게   106

22 _ 잘 듣는 사람이 말도 잘한다   110

23 _ 마음을 비우다   114

24 _ 당연한 베풂은 없다   118

PART 5

당신의 태도

25 _ 소망으로 욕망을 잠재우다　124

26 _ 시간을 들이는 곳에 성공이 있다　128

27 _ 하늘과 땅은 한 끗 차이다　132

28 _ 모든 것은 기본에서 시작한다　136

29 _ 명확한 목표를 세워서 열정에 불을 붙이자　140

30 _ 못하는 것이 아니라 아직 배우지 않았을 뿐이다　144

PART 6

당신이 경험하는 고난들

31 _ 방향은 바꾸되 뒤돌아보지는 말자　150

32 _ 이 세상에 괜한 고생은 없다　154

33 _ 당신을 막아선 것이 당신을 날게 할 수 있다　158

34 _ 당신은 바라는 것이 아닌, 필요한 것을 얻을 것이다　162

35 _ 칼날을 받을 것인가, 칼자루를 쥘 것인가　166

36 _ 희망은 멀지 않은 곳에 있다. 자신을 믿어라　170

PART 7

당신의 생각들

37 _ 우리는 생각하는 것을 경험하게 된다　　　　176

38 _ 믿음이라는 힘　　　　180

39 _ 내 이럴 줄 알았다니까!　　　　184

40 _ 사람은 바라보는 곳을 향해 간다　　　　188

41 _ 잡초를 뽑느니 차라리 꽃을 심자　　　　192

42 _ 나는 반드시 저 봉우리의 북쪽 기슭에 오를 거다　　　　196

PART 8

당신의 행동들

43 _ 습관이 당신을 망친다　　　　204

44 _ 사실 딱 한 번만 허리를 숙이면 됐었다　　　　208

45 _ 작은 것, 낮은 곳부터 생각하자　　　　212

46 _ 가장 확실한 자기소개서　　　　217

47 _ 그들과 당신의 가장 큰 차이　　　　222

48 _ 베푼 만큼 돌아온다　　　　226

식물을 하나 심었다고 가정해보자.
조심스럽게 화분에 옮겨 심은 뒤 신경 써서
물을 주고 가끔 영양제도 주며 아주 정성스럽게 돌본다.
하지만 5년이 지나도, 10년이 지나도,
심지어 20년이 지났는데도 더 크게 자라지 않는다.
대체 이유가 뭘까? 이 식물이 자랄 수 있는 범위는
화분의 크기에 따라 정해지기 때문이다.
만약 같은 식물을 넓은 땅에 심었다면,
결과는 완전히 달라지지 않았을까?

PART 1

당신은
자신이 어떤 사람이라고
생각하는가?

01

자신의 재능과 장점을
발견하라

당신은 자신이 어떤 사람이라고 생각하는가? 당신이 생각하는 자신의 모습에 남의 영향이 크게 작용했다고 하면, 당신은 수긍할 수 있을까? 자아는 나를 바라보는 남의 시선으로 만들어진다. 그것에 대한 나의 주관적인 생각은 별로 들어가 있지 않다. 그런데 얼마 되지도 않는 이 주관적인 생각조차 다른 사람의 영향을 받는 경우가 많다.

아빠가 열두 살 아들에게 야구를 가르치고 있다. 헛스윙만 반복하는 아들에게 아빠가 이렇게 말한다. "이런 공은 유치원생도 쳐낼 거다!"

또 어떤 엄마는 딸의 방을 가리키며 말한다. "네 사촌 동생은 방정리도 잘하더라. 그런데 너는 대체 왜 이러니?" 조금 있다가 정리하겠다는 딸의 대답에 엄마는 다시 이렇게 말한다. "너는 항상 말로

만 한다고 하지?"

게으르다, 불성실하다, 똑똑하다, 예쁘다…… 나에 대한 남의 견해가 쌓이고 쌓여서 우리는 자신도 모르는 사이에 스스로를 그렇게 판단하게 된다.

. . .

자기 자신도 잘 알지 못하는 사람이
당신에 대해 뭘 알겠는가

미처 방어할 겨를도 없이 상처가 되는 말이나 칭찬하는 말을 듣고 자기도 모르게 자신을 그렇게 규정지은 경험이 누구에게나 있을 것이다. 내가 아는 할머니 한 분은 젊은 시절에 레이스 스커트를 입었다가 예쁘다는 찬사를 듣고는 70세가 훌쩍 넘은 지금도 레이스 스커트를 자주 꺼내 입는다.

칭찬이 아닌 비난과 질책을 심하게 받아도 그들의 시선으로 자기를 바라보고 그들이 말하는 것처럼 행동하기도 하는데, 내가 바로 그랬다. 초등학생 때 수업 시간에 딴생각을 하다가 선생님의 질문에 대답을 못해서 친구들 앞에서 심하게 꾸지람을 들은 적이 있다. "이런 쉬운 것도 모르니? 너 바보야?"

그런데 그날 이후 나는 정말로 바보처럼 아주 쉬운 문제도 못 풀

게 되었다. 다행히 시간이 흐르며 조금씩 나의 장점을 알게 되면서 새로운 자아를 형성했고, 그제야 비로소 스스로가 만든 '바보 꼬리표'를 뗄 수 있었다.

당신은 자신에 대해 어떤 부정적인 이미지를 갖고 있는가? 멍청하다, 비호감이다, 유치하다, 부끄러움을 많이 탄다, 소심하다, 아무도 날 좋아하지 않는다, 죄책감이 든다, 운동신경이 없다, 손재주가 없다…… 대체 이런 생각들은 언제, 어디서, 어떻게 당신의 마음속에 파고들었을까? 누구로부터 주입됐을까?

다른 사람이 하는 말을 신경 쓰지 말자. 그들 역시 남의 입을 통해 만들어진 자신에 대한 고정관념을 갖고 있을 것이다. 자기 자신도 온전히 알지 못하는 그들이 당신에 대해 뭘 얼마나 알겠는가?

· · ·

머리 위로 새가 날아와 앉을 수는 있어도
둥지를 틀 수는 없다

프랑스 화가 폴 세잔이 친구와 대화를 하다가 예술적 입지를 다져온 지난날을 회상하며 말했다.

"나는 태어난 순간부터가 기적이야."

"왜 그런가?"

"내가 태어난 날부터 다들 이렇게 말했거든. 기적이 일어나지 않는 한 나는 절대 훌륭한 사람이 될 수 없을 거라고."

당신의 머리 위로 새가 날아와 앉을 수는 있어도, 둥지를 틀 수 있을지는 온전히 당신에게 달려 있다. 당신도 당신만의 기적을 만들 수 있다.

철학으로 깨우치기

러시아의 소설가이자 극작가인 안톤 체호프는 '사람은 스스로 믿는 대로 된다.'는 말을 남겼다. 겉으로 드러난 모습에 내면이 반영되어 있다는 뜻인데, 여기서 안타까운 점은 내가 인식하는 내면의 모습이 나의 감상이 아닌 남의 감상이라는 것이다. 그렇다면 어떻게 해야 할까?

먼저 자신이 이상적으로 여기는 인물의 모습을 그려보자. 내가 어떤 사람이 될 수 있을지, 무엇을 할 수 있는지, 어떤 모습으로 변화할 수 있는지 등 새로운 자아 형상을 만드는 거다. 그리고 메모지나 핸드폰 메모장에 적어보자. '내가 정말 이런 사람이라면, 나는 어떤 생각을 하고 어떤 말을 하며 어떤 행동을 할까?'

지금 바로 시작해보자!

02

중요하게 여기는 대상이
가치 있는 대상이다

비난을 받으면 못 견디게 부끄러운가? 관심과 칭찬을
받지 못하면 기분이 울적해지는가? 사랑하는 사람에게 배신당했을
때 자신이 가치 없는 사람이라고 여겨졌던가?

위 질문에 모두 '그렇다'고 대답한다면 당신은 아직 자신의 가치
를 모르고 있다.

당신이 연봉 2억 원을 받고 있다면 누가 2만 원을 가져갔다고 기
분이 극도로 나빠지지는 않고 그저 재수가 없었다고 생각하고 말
것이다. 하지만 당신 수중에 2만 원밖에 없는데 그 2만 원을 빼앗겼
다면, 가진 것을 모두 빼앗겼기에 크게 상심하고 화도 날 것이다.

마찬가지로 자아 가치가 높은 사람은 남의 평가 때문에 스스로를
부정하지 않는다. 인정받지 못했다고 우울해하지도 않는다. 사랑받
지 못한다고 자기를 가치 없고 쓸모없는 존재로 여기지도 않는다.

그녀가 수박을 선택한 것이
포도가 나쁘다는 의미는 아니다

얼마 전 실연당한 후배가 찾아왔다. 그는 여자친구가 자기를 떠나서 다른 남자를 만난다며 무척 괴로워했다. "곧 결혼도 한대요. 저는 정말 쓸모없는 인간이에요⋯⋯."

나는 그건 아니라고 단호하게 말했다. "누구와 미래를 함께할지는 그녀가 하는 선택이지, 너와는 직접적인 관련이 없어."

그래도 후배는 자신이 더 좋은 직장을 얻고 돈을 더 많이 벌면 여자친구가 다시 '자기 것'이 될 수 있을 거라고 했다.

사람이 사람을 좋아하는 데에는 나름의 이유가 있다. 그러나 선택받지 못했다고 해서 '내가 어디가 나쁘다'는 뜻은 아니다.

"어떤 사람은 포도를 좋아하고, 어떤 사람은 수박을 좋아할 수 있잖아? 네 여자친구가 수박을 선택했다고 해서 포도가 나쁘다는 의미는 아니야."

"그야 물론 그렇죠."

"그럼 너도 알겠네. 그녀가 다른 남자를 선택했다고 해서 네가 가치 없는 사람은 아니야."

・ ・ ・

'자아 가치'는
남의 평가로 만들어지지 않는다

고아원에서 지내는 한 아이가 있었다. 아이는 고아원 원장에게 이렇게 비관적으로 말하곤 했다. "저를 원하는 사람이 아무도 없잖아요. 저는 이 세상에서 살 가치가 없는 존재인가 봐요."

그때마다 원장은 별다른 말은 하지 않고 빙긋 미소만 지었다.

하루는 원장이 아이에게 예쁜 돌 하나를 주면서 말했다. "내일 아침에 이 돌을 갖고 시장에 나가보거라. 그런데 사람들이 아무리 돈을 많이 준다고 해도 진짜로 팔아서는 안 돼!"

다음 날 아이는 돌을 들고 시장 한구석에 쪼그리고 앉았다. 적지 않은 사람들이 아이의 돌에 관심을 가졌다. 게다가 부르는 값도 점점 올라갔다. 고아원에 돌아온 아이는 한껏 신이 나서 원장에게 시장에서 있었던 일을 이야기했다. 원장은 웃으며 내일은 황금 시장에 다녀오라고 했다. 황금 시장에서는 전날의 열 배가 넘는 가격을 부르는 사람도 있었다. 마지막으로 원장은 아이에게 보석 시장에 가보라고 했다. 돌의 가격은 또 열 배 넘게 뛰었고, 돈을 아무리 많이 줘도 팔지 않겠다고 하자 사람들은 아이의 돌을 희귀 보석이라고 여기며 더욱 갖고 싶어했다.

아이는 돌을 소중히 끌어안고 기쁨을 감추지 못한 채 고아원으로 돌아왔다. 이 모든 일을 원장에게 말하며 돌을 팔지 말라고 한 이유를 물었다. 원장은 아이를 지그시 바라보다가 말했다. "이 돌처럼 사람도 어떻게 생각하느냐에 따라 다른 가치를 지니지. 너도 이 돌과 같단다. 네가 너 스스로를 중요하게 여기고 아끼면 너도 가치 있는 사람이 되는 거야."

다이아몬드도 황금도 모두 본질적으로는 길가의 돌과 다를 바 없다. 그 가치가 얼마나 되는지는 사람이 정한다. 아이도 아름다운 돌을 보석으로 만들 수 있었다. 또한 빌 게이츠 같은 세계적인 부호는 보석을 얼마든지 살 수 있겠지만, 만약 그가 보석을 좋아하지 않고 중요하게 여기지 않는다면 보석은 그에게 아무 가치도 없다.

이렇듯 '자아 가치'는 스스로가 만드는 것이다. 그것은 결코 남의 평가로 생겨나지 않는다. 마찬가지로 남의 가치가 내 가치가 되지도 않는다.

철학으로 깨우치기

어떤 사람을 열렬히 사랑했는데 그 마음이 식었다. 더 이상 그 사람이 중요하지 않아졌고 심지어 다른 사람이 마음에 들어왔다. 원래 사랑했던 사람이 어디가 나빠졌기 때문일까? 그렇지는 않을 것이다. 그 사람은 변한 게 없다. 원래 고양이를 좋아했는데 지금은 강아지를 좋아하게 되었다. 고양이와 강아지에게 어떤 변화가 생긴 걸까?

자. 이제 분명해졌다. 가치가 있고 없고는 당신의 선택에 달렸다. 당신이 중요하게 여기는 대상이 바로 가치 있는 대상이다. '자아 가치'란 바로 그런 것이다.

03

나 자신을 있는 그대로
받아들이자

자신의 외모에 만족하지 못하는 사람이 많다. 당신은 자신의 어떤 점이 불만족스러운가? 키? 피부색? 코? 다리? 뱃살? 가슴? 혹은 너무 뚱뚱하다고 생각하는가?

사람들은 대개 한두 군데만 마음에 안 들어도 자신이 못났다고 여긴다. '이렇게 생긴 게 어때서? 이게 바로 나야!'라고 긍정적으로 생각하는 사람은 많지 않다. 심지어 귀중한 시간과 돈을 들여 연예인과 비슷한 외모를 만들려는 사람도 있다.

예뻐 보이고 잘생겨 보이도록 노력하는 게 잘못됐다는 것이 아니다. 외모와 치장을 자아 평가의 기준으로 삼는 게 잘못됐다는 것이다. 우리는 미디어를 맹목적으로 좇다 보니 미디어에서 제시하는 미의 잣대로 자신을 평가하거나 남을 비하하곤 한다.

"필사적으로 살을 빼고 유행에 맞춰 옷을 사입고 화장하는 것에 싫증이 났어요. 이제는 내가 나서서, 나의 내면을 보고 있는 그대로의 나를 좋아해주면 좋겠어요." 어느 독자의 말이다.

한 여성은 사춘기 때 엄마에게 이런 말을 자주 들었다고 한다. "조금만 더 날씬하면 예쁠 텐데." "여드름만 없으면 훨씬 예쁠 텐데." "머리카락을 좀 더 기르면 정말로 예쁠 텐데." …… 스무 살이 넘어 성인이 된 뒤에도 계속되는 엄마의 지적에 그녀는 이렇게 대꾸했다. "나는 원래 예쁘잖아요." 엄마는 더 이상 아무 말도 못했다고 한다.

스스로 아름답다고 생각하는 것을 과도한 자기애라고 볼 수는 없다. 이것은 일반적으로 생각하는 자기애와 조금 다르다. 자신의 외모에 만족하지 못하는 사람들이 오히려 겉모습에 더 신경을 쓴다. 신이 우리에게 각기 다른 모습을 주었다는 것은 나의 외모가 나만의 특색이라는 뜻이 아닐까? 그건 내가 나인 이유이기도 하다. 그런데 왜 자신의 외모를 있는 그대로 받아들이지 못할까?

부족함이 많을지라도
나는 나다

얼굴에 큰 점이 있는 청년이 있었다. 세로로 길게 뻗은 붉은 점은 청년의 잘생긴 얼굴을 흉한 인상으로 만들었다.

하지만 이런 외모의 결함에도 불구하고 청년은 다정함과 유머러스함, 그리고 적극적인 성격으로 사람들의 호감을 얻게 되었다. 그는 강연도 자주 하는데, 시작할 때 청중의 얼굴에 담긴 놀라움과 당혹스러움은 끝날 때가 되면 가슴 벅찬 감동으로 바뀌고 그가 강단을 내려올 때면 박수와 환호가 끊이지 않았다.

한번은 어느 청중이 이런 질문을 던졌다. "당신은 얼굴에 있는 반점을 어떻게 극복했나요?" 이 말은 그 반점 때문에 생긴 열등감을 어떻게 극복했냐는 뜻일 것이다.

청년이 대답했다. "극복이요? 저는 이 반점을 영광스럽게 생각해 온걸요! 어렸을 때부터 아버지께서 늘 말씀하셨어요. '아들아, 네가 태어나기 전에 이 아버지는 하늘에 빌었단다. 특별한 아이를 보내 달라고. 신은 정말로 네게 특별한 재능을 주셨고, 심지어 천사를 시켜 너에게 특별한 표시까지 해주셨단다. 네 얼굴의 반점은 천사가 뽀뽀를 하며 남긴 자국이야. 덕분에 나는 사람이 많은 곳에서도 너를 단번에 찾을 수 있어. 신생아실에 누워 있을 때도 네가 내 아들이라는 걸 한번에 알아봤다니까!'"

청년의 이야기가 이어졌다. "어렸을 때 아버지는 틈만 나면 이 이야기를 들려주셨어요. 그래서 저는 한 치의 의심도 없이 제가 엄청난 행운을 가진 아이라고 생각했죠. 얼굴에 천사의 뽀뽀 자국이 없는 아이들을 볼 때면 안타깝기까지 했다니까요. 저를 처음 본 사람들이 깜짝 놀라는 건 부럽기 때문이라고 생각했어요. 그래서 뭐든 더 노력하고 적극적으로 했어요. 하늘이 주신 특별한 재능을 낭비하면 안 되니까요. 이제는 어른이 되었지만 저는 아버지가 저를 속였다고 생각하지 않아요. 정말로 모든 사람들에게는 하늘이 주신 특별한 재능이 하나씩은 있더군요. 그리고 모든 아이들은 그들의 부모에게 특별한 아이지요. 이 반점이 있었기에 저는 열심히 노력했고 오늘의 성과를 이뤘어요. 그러니 이 반점은 천사가 제게 남긴 흔적이자 행복의 표식이 아니고 무엇이겠어요?"

아무리 부족한 점이 많아도 나는 나다. 내가 다른 사람이 될 수는 없다. 미디어에서 어떻게 표현하든 자신감이 있는 사람이 가장 아름다운 사람임은 변하지 않는 사실이다.

우리는 자신의 작은 결점에 연연하지 않고 그 결점을 나만의 특색으로 만들어 발전시켜야 할 것이다.

대부분의 스트레스는 남이 아닌 나로부터 시작된다. 내가 나의 적이 되어서 나를 있는 그대로 받아들이지 못한다면, 이것만큼 이상한 일이 또 있을까. 남이 나를 사랑해주기를 바라면서, 정작 나는 나를 사랑하지 않다니!

중세의 대표적 인문학자 에라스뮈스는 '나는 나다.'라는 사실을 인정하고 받아들일 때 비로소 행복한 삶을 영위할 수 있다고 했다.

스스로 자기 자신을 완전히 받아들이지 못하면서 남에게 그것을 기대할 수 있을까? 자기 자신에게 만족하지 못하는데 자신의 삶에 만족하며 살아갈 수 있을까?

04

사람은 비교할 수 없다

누구나 열등감을 느낀다. 당신은 누구와 비교해서 열등감을 느꼈는가? 더 예쁘고 똑똑한 사람? 혹은 재능이 뛰어난 사람?

만약 당신이 남과 비교하기를 일삼는다면 당신은 행복해지기 어렵다. 아무 잡지나 한 권 집어서 펼쳐보자. 당신보다 돈 많고 날씬하고 세련된 사람들이 많이 나와 있을 것이다. 잠시만 주변을 둘러봐도 당신보다 잘나고 자신감 있으며 가진 것도 많고 더 성공한 사람이 반드시 있을 것이다.

과수원에 갔다가 큰 야자수와 마주쳤다고 가정해보자. 그 야자수를 당신과 비교하면 당연히 당신이 너무 작다고 느껴진다. 그러나 비교하지 않는다면 그저 '커다랗구나!'라고 생각하며 지나갈 것이다. 야자수는 원래 키가 큰데, 그게 어쨌다는 건가? 사과나무가 자기보다 큰 야자수 때문에 괴로워할까? 야자수는 키가 크고, 사과나

무는 열매가 달고 맛있다. 누구에게나 장점이 있고 단점이 있다. 단거리 육상선수가 장거리도 잘 뛴다는 보장은 없다. 산을 잘 타는 사람이 잠수도 잘하는 건 아니다. 얼굴이 예쁜 사람이 반드시 탄력 있고 건강한 몸을 가진 건 아니다. 타고난 재능이 모두 다르니 당연히 일직선상에 두고 비교할 수 없다.

· · ·

당신은 그를 부러워하지만,
그는 당신을 부러워할지도 모른다

작은 참새 한 마리가 동물원 나무 위에 앉았다가 때마침 아름다운 날개를 펼치는 공작새를 보게 됐다. 참새는 자신이 평범하고 별것 아닌 존재 같아서 열등감에 괴로워했다. 그날 밤 꿈속에서 참새는 아름다운 공작새가 되어 있었다. 그런데 날개를 우아하게 펼치려는 순간, 나무 뒤에 숨어 있던 늑대가 달려들었다. 깜짝 놀란 참새는 도망가려고 정신없이 날갯짓을 했다. 하지만 아무리 애써도 날아오를 수가 없었다. 그러다 화들짝 놀라 잠에서 깨어났다. 다행히 꿈이었다.

아침이 되어 먹을 것을 찾으러 산으로 날아간 참새는 높은 상공에서 빠른 속도로 날고 있는 독수리를 보았다. 독수리의 당당한 기세 앞에서 참새는 자신이 너무 하찮게 느껴졌다. 그날 밤 또 꿈을 꿨는데, 꿈속에서 참새는 독수리가 되어 상공을 선회하고 있었다. 그런데 예전 친구들이 모두 자기를 멀리하는 게 아닌가! 자기에게 잡아먹힐까 봐 두려워서 근처에도 오지 않았다.

다음 날 아침에 깨어난 참새는 참새로 돌아온 자신의 몸을 확인하고는 화려하고 아름다운 공작새와 당당하고 멋있는 독수리를 떠올렸다. 아무래도 그 둘은 자기의 생활방식과는 어울리지 않았다. 역시 자유로운 참새의 삶이 훨씬 행복했다.

똑똑하고 그림을 잘 그려서 당신이 부러워하는 그 사람이 오히려 노래를 잘하고 달리기가 빠른 당신을 부러워하고 있을지도 모른다. 남과 비교하고 자신의 부족한 점을 찾아내는 데 인생을 허비하는 사람은 자신이 가진 것에 영원히 감사할 줄 모른다.

늘 닭처럼 나뭇가지에 오르고 싶은 오리나, 늘 오리처럼 헤엄을 치고 싶은 닭이 과연 행복할 수 있을까?

철학으로 깨우치기

다른 사람과 나를 비교하는 건 아무 의미가 없다. 비교를 할 거면 자기 자신과 비교를 해야 한다. 내가 최선을 다하고 있나? 스스로 만족스럽기 위해 노력하고 있나?
'샐러드에서 어느 과일이 가장 맛있을까?'라는 질문에 대한 나의 대답은 이렇다. '모든 과일이 다 맛있다. 과일 샐러드 속의 모든 과일이 각자의 맛을 유지하고 있을 때 그 샐러드는 최상의 맛을 낼 수 있다.'

05

당신에게 맞는 자리를 찾았는가?

초콜릿 아이스크림은 언제 먹어도 달콤하고 맛있다. 그런데 누가 툭 치는 바람에 옷에 잔뜩 묻은 아이스크림은 보기만 해도 지저분하다. 소중하게 여기는 운동화를 신으면 기분이 좋다. 그런데 누군가 그 운동화를 식사가 차려진 식탁 위에 올려놓으면 더럽다는 생각이 든다. 이렇듯 아름답고 귀한 물건도 잘못된 곳에 위치하면 그 아름다움이 퇴색된다.

. . .

잘못된 곳에 놓으면 보물도 쓰레기가 된다

인구가 적은 어느 소도시에서 있었던 일이다. 그곳은 상점이 많지 않은데도 일을 잘하는 직원을 고용하기가 쉽지 않았다. 어느 날 패스트푸드점 사장과 청소업체 사장이 길에서 우연히 만나 잠시 이야기를 나누게 되었다.

패스트푸드점 사장이 말했다. "요즘 왜 이렇게 일이 안 풀리는지 모르겠어요. 얼마 전에 직원을 한 명 고용했는데 일을 너무 못하는 거예요. 뭘 시켜도 느릿느릿하고 반응이 느려서 손님이 조금만 많아도 정신을 못 차리더군요. 손님들이 기다리다 못해 항의하는 날도 얼마나 많은지, 매번 제가 가서 양해를 구하느라 바빴어요. 결국 두 달 만에 그만두라고 했어요."

그러자 청소업체 사장이 말했다. "사장님 이야기를 들으니 저는 참 운이 좋은 편이네요. 최근에 일을 정말 잘하는 직원을 채용했거든요. 정말 꼼꼼해서 조금이라도 더럽거나 정돈이 안 되어 있으면 그냥 지나치지 못해요. 고객들이 다 이 직원으로 지정해달라고 한다니까요? 덕분에 제가 돈을 좀 벌고 있죠!"

한참 이야기하던 청소업체 사장이 잠시 생각해 보더니 말했다. "참, 그 직원이 우리 회사에 오기 전에 사장님 가게에서 근무했다던데요?" 패스트푸드점 사장이 신기해하며 물었다. "정말요? 이름이 뭐예요?" 직원의 이름을 들은 패스트푸드점 사장은 말을 잇지 못했다. 지금껏 두 사람이 말한 '일 못하는 직원'과 '일을 너무 잘하는 직원'이 동일인이었던 것이다.

어느 여성으로부터 이런 이야기를 들은 적도 있다. 그녀는 상경대를 졸업한 뒤 순조롭게 취업하여 기업의 홍보팀에서 일을 시작했다. 그런데 몇 년이 지나도 업무 성과가 좋지 않았다. 원인은 그녀의 예민한 성격에 있었다. 다른 사람이 스치듯 한 말을 모두 속에 담아두다 보니 늘 괴롭고 주눅이 들어서 업무 효율이 좋지 않았다.

한번은 교회에 갔다가 목사에게 그간의 괴로움을 털어놓았다. 가만히 듣고 있던 목사가 순간 떠오른 생각을 말해주었다. "작은 일에도 그렇게 예민한 성격이라면, 차라리 회계 쪽으로 업무를 바꿔보는 건 어때요? 홍보는 그만두고 회계에 도전해봐요!"

일리가 있는 말이어서 그녀는 대학에서 배운 회계를 몇 개월 동안 다시 공부했다. 그리고 회계팀으로 부서 이동을 신청했다. 홍보팀에서 '결점'이었던 예민한 성격은 회계팀에서는 '장점'이 되었고, 그녀는 물 만난 물고기처럼 실력을 발휘했다. 이때부터 회사에서 일 못한다는 소리를 듣지 않게 되었고 심지어 팀장에게 정말 꼼꼼하다며 보기 드문 인재라는 칭찬까지 들었다.

· · ·

당신에게 맞는 자리를 찾으면
당신 역시 가능성 있는 인재가 될 수 있다

같은 커피도 편의점에 놓이면 천 원짜리가 되고 5성급 호텔에 놓이면 만 원짜리가 된다. 자신에게 맞는 자리를 찾으면 신경질적인 사람은 섬세하고 예민한 사람으로, 성미 급한 사람은 적극적이고 진취적인 사람으로, 느릿하고 행동이 굼뜬 사람은 침착하고 신중한 사람으로 달리 평가된다.

성공한 사람은 자신이 무엇을 잘하며 어디에 힘을 쏟아야 하는지 잘 알고 있다. 사람들이 실패하는 이유는 능력과 노력이 부족하기 때문이 아니라 자신에게 맞지 않는 자리에 있으면서 장점을 발휘하지 못하기 때문이다.

"보물도 어울리지 않는 곳에 갖다놓으면 쓰레기가 된다."

미국의 정치가이자 과학자, 저술가인 벤저민 프랭클린이 한 이 말이 바로 그 뜻이다.

인생에는 늘 '또 다른 가능성'이 존재한다. 밀이 자라지 않는 땅이라면 콩을 심어볼 수 있다. 콩을 팔다가 남은 것은 물을 끼얹어 발아시켜 콩나물로 키울 수도 있다. 콩나물을 다 못 팔면 콩싹(타이완에서는 완두콩으로 콩나물을 발아시키는데 그것에서 길러진 완두콩 싹을 요리해서 즐겨 먹는다. '더우미아오'라고 부른다.-옮긴이)이 될 때까지 더 키워보고, 팔고 남은 콩싹은 더 키워서 화분에 옮겨 심어 예쁜 화초로 판다. 그러고도 남은 것은 흙에 옮겨 심어서 새 콩이 나올 때까지 잘 키운다. 그 콩은 다시 수많은 새 콩을 만들어낼 것이다.

이 세상에 쓸모없는 존재는 없다. 자신의 재능을 알고 그에 맞는 무대만 잘 고른다면, 당신 역시 '가능성 있는 인재'다.

누구나 태어날 때 한 가지 선물을 받는다. 그것은 바로 자신만의 특별한 재능이다. 우리는 선물 받은 재능을 발견하고 키워내어 잘 활용해야 하는 의무가 있다. 만약 자신의 재능이 무엇인지 못 찾겠다면 가족이나 주변 친구들에게 물어봐도 된다. 또는 지금까지 살면서 무엇을 할 때 가장 즐거웠는지 생각해보자.

주위를 신경 쓰지 못할 정도로 완전히 몰입했던 일이 있었나? 아무도 관심이 없는데 유독 당신만 도취했던 일은 무엇이었나?

또는 가장 좋아하는 일은 무엇일까? 가장 잘하는 건 무엇일까? 운동? 노래? 사회성이 좋은가? 일을 잘하는가? 그것이 무엇이든 그게 바로 당신의 재능이자 하늘이 준 선물이다.

현금으로 바꿔야 가치가 생기는 수표처럼, 재능도 찾아내서 활용해야 빛을 발한다.

06

당신의 격이 당신의 인생을 만든다

동기부여 전문가이자 변화심리학의 최고 권위자인 토니 로빈스가 이런 이야기를 한 적이 있다.

헤비급 챔피언 제임스가 훈련중에 물고기를 잡고 있는 어부를 보았다. 그런데 가만히 지켜보니 큰 물고기는 잡는 족족 모두 놓아주고 작은 물고기만 남기는 것이 아닌가? 그 모습이 선뜻 이해가 가지 않아 이유를 묻자 어부가 대답했다. "나라고 이러고 싶겠소? 통이 이렇게 작으니 어쩔 수 없잖소!"

'고등학교밖에 졸업하지 못해서.' '돈이 이것밖에 없어서.' '나는 그저 경비원일 뿐인걸.' '나는 평범한 학생일 뿐인데.' '나는 평범한 가정주부인걸.' …… 우리가 현재의 상황을 벗어나지 못하는 것은 실력 때문이 아니라 우리 마음속에 있는 어부의 '작은 통' 때문이다. 스스로 넘기 힘든 문턱을 만들어 우리를 그 안에 가둬놓고는 옴짝달싹 못하는 것이다.

식물을 하나 심었다고 상상해보자. 조심스럽게 화분에 옮겨 심은 뒤 신경 써서 물을 주고 한번씩 영양제도 주며 아주 정성스럽게 돌봤다. 하지만 5년이 지나도, 10년이 지나도, 심지어 20년이 지났는데도 더 크게 자라지 않는다. 대체 이유가 뭘까? 이 식물의 성장 범위는 화분의 크기에 한정됐기 때문이다. 만약 같은 식물을 넓은 땅에 심었다면, 결과는 완전히 달라지지 않았을까?

사람이 기대어 앉아 쉴 수 있을 정도로 커다란 그늘을 드리운 아름드리나무도 시작은 자그마한 씨앗이었다. 아직 때가 안 됐을 뿐, 씨앗도 나무다. 그러니 씨앗을 단지 작고 미약한 존재로 여겨서는 안 된다. 마찬가지로 자신의 잠재력을 얕보지 말자. 아직 드러나지 않았을 뿐, 잠재력은 이미 우리 안에서 크게 자랄 준비를 하고 있다. 자신감을 갖고 한 걸음 나아가면, 땅을 뚫고 나와 아름드리나무로 자란 씨앗처럼 한계를 넘어서서 한 단계 올라서게 될 것이다.

수업을 하다 보면 수강생들이 자신이 체득한 것을 앞 다투어 발표하는 경우가 있다. 그중에 마음에 크게 와닿았던 말이 있다. "끝없이 넓은 바다라는 말이 있지만, 바다보다 넓은 건 하늘이며, 하늘보다 넓은 건 사람의 마음이에요."

그렇다. 마음만 있다면 우리는 못할 게 없다.

아기 독수리가 첫 비행을 하는 아주 중요한 날이었다. 아빠 독수리가 자신이 날았던 경험을 떠올리며 열심히 설명하고 있는데 아기 독수리가 재잘거리며 물었다.

"아빠, 제가 얼마나 멀리 날 수 있을까요?"

"네가 볼 수 있는 만큼 날 수 있지!"

"제가 얼마나 높이 날 수 있을까요?"

"너는 날개를 얼마나 펼칠 수 있는데?"

"제가 얼마나 오래 날 수 있을까요?" 아기가 멈추지 않고 계속 물었다.

"지평선은 얼마나 멀리에 있지?" 아빠가 반문했다.

"아빠, 제가 성공할 수 있을까요?"

"너는 그렇게 믿고 있니?"

아기 독수리는 끝말잇기 같은 이 대화를 더 이상 견디지 못하고 이상하다는 듯 말했다.

"아빠는 왜 제 질문에 대답을 안 하시는 거예요?"

"대답했어!"

"하긴 하셨죠. 그런데 질문으로 대답하셨잖아요."

"그게 내가 할 수 있는 최선의 대답이었단다."

"아빠는 어른이잖아요. 어른은 뭐든 다 알잖아요. 아빠도 대답하지 못하는 걸 누가 알겠어요?"

"네가 알지." 지혜로운 아빠 독수리는 침착함을 잃지 않고 대답했다.

"제가요? 제가 어떻게 알아요?" 아기 독수리는 아무래도 이해할 수 없었다.

"네가 얼마나 높이 날 수 있을지, 또 성공할 수 있을지 없을지는 아무도 몰라. 여러 독수리에게 물어봐도 독수리마다 답이 다를걸? 그건 너만 결정할 수 있는 거란다."

아기 독수리는 혼란스러웠다. "그럼 저는 어떻게 해야 해요?"

아빠 독수리가 상공을 쭉 둘러보며 대답했다. "멀리 지평선을 바라보며 날개를 활짝 펴고 힘껏 날아올라라!"

한숨을 쉬는 것만큼 시간을 낭비하는 일은 없으며 우는 것만큼 에너지를 낭비하는 일도 없다. 지금 당신은 왜 그렇게 무기력한가?

링컨은 이런 말을 했다. "폭포의 높이는 절대로 폭포의 시작점보다 높지 않다. 마찬가지로 한 사람의 성공의 크기는 그 사람이 가진 믿음을 넘어서지 못한다."

당신의 마음속에 깊이 자리하고 있는 '불가능함'이라는 의심을 없애야 당신의 '무한 가능성'이 드러난다.

"당신 인생의 유일한 한계는 당신의 마음이 정한 바로 그 한계다."

성공철학의 대가 나폴레온 힐의 말이다.

뭐든 할 수 있을 거라고 믿는 사람도, 아무것도 못할 거라고 믿는 사람도 모두 틀린 것은 아니다. 인생은 다양한 자원이 풍부하게 들어 있는 바다와 같다. 바닷속 풍부한 자원을 얼마나 얻을 수 있을지는 그 사람 손에 들린 도구에 달려 있다. 작은 통 하나 달랑 들고 있는 사람이 바다가 너무 인색하다고 말할 수 있을까?

우리는 알고 지내는 모든 사람과의 관계에 '통장'을 하나씩 갖고 있다.
이 통장 안에서 상대방이 나에게 빚을 지기도 하고 내가 상대방에게
빚을 지기도 하는데, 한쪽에서 진 빚이 많아지면 그 관계에 위기가 찾아온다.
그런데 굳건한 관계를 맺고 있는 사람과의 통장에는 감정이 두둑하게
저축되어 있으므로 혹시 두 사람 사이에 어떤 문제가 생기더라도
쉽게 잔액이 바닥나지는 않는다. 이 통장의 이름은 '우정 통장'이다.
은행 통장과 마찬가지로 입금을 할 수도 있고 출금을 할 수도 있다.
우리는 사람들과 어울려 관계를 맺으며 감정을 저축하기도 하고
소비하기도 한다.

PART 2

당신과
주변 사람들

07

바꿔야 할 것은 어쩌면 당신의 친구다

꽃을 만진 손에서는 향기가 나고 생선을 만진 손에서는 비린내가 난다. 친구 사이도 마찬가지다. 누구든 함께하는 친구의 영향을 받는다. 그러므로 신중하게 친구를 사귀어야 한다.

대개 의식하지 못하고 살지만 사실 우리는 끊임없이 주위 사람들의 영향을 받는다. 늘 열심인 사람과 함께 있으면 게을러질 틈이 없고, 적극적인 사람과 가까이 지내면 슬럼프에 빠질 일이 없다. 큰 꿈을 품은 사람과 함께하면 쉽게 포기하지 않으며, 높은 곳을 향하는 사람과 어깨를 나란히 하면 함께 높은 곳에 다다른다.

인생은 함께하는 사람들이 누구이며 어떤 친구와 교류하는지에 큰 영향을 받는다.

보다 나은 삶을 살고 싶다면 자신보다 나은 친구를 사귀어야 한다. 그런 친구는 자신이 일궈낸 성공의 경험과 비결을 공유해주기 때문이다. 늘 거기서 거기인 친구들과 함께 거기서 거기인 일만 하다 보면 성장에 한계가 있을 수밖에 없다.

삶을 대하는 태도가 좋아지려면 적극적으로 사는 사람들과 가까이 지내야 한다. 좌절하고 움츠러들 때 그들이 어떻게 맞서 나가는지를 보면 우리의 생각과 행동도 영향을 받게 된다. 헬렌 켈러와 설리번 선생님, 아인슈타인과 슈바이처, 에디슨과 포드, 간디와 타고르와 몬테소리, 노벨과 위고가 그랬다. 훌륭한 파트너로 함께 성장했던 그들의 이야기는 여전히 우리에게 감동과 깨달음을 준다.

또한 결단력 있는 사람이 되고 싶으면 실천적인 사람과 가까이해야 한다. 적극적인 사람도 소극적인 사람과 자주 어울리면 함께 소극적으로 변한다. 부정적인 태도에도 전염성이 있기 때문이다.

어떤 사람이 길을 걷는데 길가의 흙에서 향기가 났다. 너무 신기해서 흙을 한 움큼 쥐어 조심스럽게 집으로 가져왔더니 온 집 안이 향기로 가득해졌다. 그가 흙에게 물었다. "너는 정말 특별한 흙이구나!" 그러자 흙이 대답했다. "저는 그냥 평범한 흙이에요." 그가 다시 물었다. "그렇다면 어째서 이렇게 진한 향기가 나지?" 흙이 웃으며 대답했다. "아, 그건 사실 놀랄 일도 아니랍니다. 그저 장미꽃과 얼마간 함께 지냈을 뿐이에요!"

장미꽃과 함께한 시간이 길어지며 장미의 향기가 흙에 밴 것이다. 만약 지저분한 개가 와서 뒹굴었다면 흙에는 벼룩이 가득 생겼을 것이다. 늘 부정적인 사람과 함께 있으면 긍정적으로 살기 힘들다. 엉망으로 사는 사람과 종일 어울리면서 열정적이고 진취적으로 살 수는 없다.

· · ·

나와 다른 사람과 어울려야
다른 인생을 살 수 있다

미국의 동기부여 강사인 짐 론은 이런 말을 했다. "당신은 가장 많은 시간을 함께 보내는 주변인 다섯 명의 평균이다."

술과 담배, 도박과 노는 것만 좋아하는 사람의 주변에는 딱 그런 친구들이 있다. 젊은 재소자에게 처음 범죄를 저질렀을 때 누가 함께했는지 물어보면 하나같이 '친구'라고 대답한다. 철창 안에 갇힌 다음에 하는 후회는 대부분 친구를 잘못 사귄 것에서 시작된다.

지금 여러분의 친구들을 떠올려보자. 그들은 당신이 앞을 향해 나아가도록 도와주는 친구들인가, 아니면 뒤로 물러나게 하는 친구들인가. 그들과 함께 있으면 당신은 선해지는가, 아니면 악해지는가. 만약 후자라면 그 친구들과의 만남을 최소화하기를 권한다.

자동차왕이라고 불리는 헨리 포드는 가장 좋은 친구가 누구냐는 질문에 이렇게 대답했다. "나의 가장 훌륭한 면을 끌어올려주는 친구가 가장 좋은 친구죠."

지금까지와는 다르게 살고 싶은가? 그렇다면 먼저 바꿔야 할 것은 친구일지도 모른다. 나하고 다른 사람과 어울려야 지금과 다른 삶을 살 수 있다.

 철학으로 깨우치기

〈돈키호테〉의 작가로 유명한 세르반테스는 이렇게 말했다.

"그대의 친구들이 어떤 사람인지 내게 말하라. 그러면 그대가 어떤 사람인지 그대에게 말해주겠다."

친구를 보면 그 사람을 알 수 있다. 어떤 친구들과 사귀는지를 보면, 즉 자주 어울리는 사람들을 보면 당신이 어떤 사람인지 알 수 있다. 만약 당신의 친구들이 모두 뛰어나다면 당신 역시 부족한 사람이 아닐 것이다. 만약 당신의 친구들이 이도 저도 아닌 일을 하고 산다면 당신 역시 제대로 된 일을 하며 사는 사람이 아닐 것이다. 친구는 당신을 비추는 거울이다.

08

다른 사람을 끌어내리려 하지 말고
당신의 뒤부터 관리하라

그리스 신화에 등장하는 프로메테우스는 사람을 만들 때 자루 두 개를 달아놓았는데, 하나에는 남의 결점을 담아 몸 앞에 걸고 다른 하나에는 본인의 결점을 담아 몸 뒤에 걸었다. 그래서 사람들은 남의 결점은 잘 보면서 자신의 결점은 잘 모른다.

우리는 누군가가 알려줘야 비로소 자신의 부족한 점과 고쳐야 할 점을 알게 된다. 그러나 유감스럽게도 대부분의 경우 이 충고는 선의보다는 상처를 주고자 하는 의도에서 시작된다.

남을 깎아내려서 자신을 돋보이게 하려는 사람들을 종종 만나게 된다. 고의로 상대방의 단점을 끄집어내고 비웃는 말투로 거만하게 말하는 사람들은 상대방을 깎아내리면 자신의 가치가 높아질 줄로 안다.

· · ·

열매가 많이 열린 나무에는
돌 던지는 사람들이 몰린다

당신이 좋은 성과를 내고 인정을 받는 순간 당신을 비판하고 헐
뜯는 사람들이 여기저기에서 나타날 것이다. 당신이 성공하면 성공
할수록 이런 현상은 더 심해진다.

아메리칸 인터내셔널 그룹(AIG) 회장은 남의 평가에 민감한 편이
냐는 질문에 이렇게 답했다.

"과거의 저는 남의 평가에 굉장히 민감했어요. 그때는 회사에 있
는 모든 사람에게 완벽한 사람으로 보이고 싶었거든요. 저를 그렇
게 보지 않는 사람이 있을까 봐 늘 걱정이 많았지요. 그래서 제게
무언가 불만을 가진 사람이 있으면 어떻게든 그의 마음을 풀어주고
좋은 관계로 지내려 했어요. 그런데 그렇게 해서 한 사람의 마음을
사고 나면 다른 사람이 또 화가 나 있는 겁니다. 그 사람을 만족시
키고 나면 또 다른 사람의 감정이 상해 있었어요. 나중에야 비로소
남의 마음을 사려 하면 할수록 혹평이 많아지고 '적'이 더 많이 생긴
다는 것을 알게 됐습니다. 내가 잘 나가면 결국은 어떻게든 비판을
받게 되어 있어요. 그러니 그냥 받아들이는 수밖에요. 그때부터 할
수 있는 최선의 노력을 다해서 열심히 일했고 어떤 비판에도 흔들
리지 않게 되었습니다."

차라리 전봇대에 가서
개에 대해 어떻게 생각하느냐고 물어보라

젊은 시절의 나 역시 남들의 평가에 괴로워했다. 한번은 친구에게 그런 고민을 털어놓았는데, 그때 친구는 내게 이렇게 말했다. "그런 비판에 대한 내 의견을 묻느니 차라리 전봇대에 가서 개에 대해 어떻게 생각하는지 물어봐."

그렇다. 비판은 비판을 받는 사람이 아닌, 비판하는 사람의 수준을 보여준다. 그때부터 나는 누군가가 내게 비판을 하면 먼저 그것이 건설적인지 파괴적인지 살펴본다. 건설적 비판은 유의미하지만, 파괴적 비판은 사람을 쓸모없는 존재로 느껴지게 한다. 그래서 건설적 비판을 받으면 나 자신을 더 깊이 들여다보게 되지만, 파괴적 비판을 받으면 그렇게 비판한 사람을 다시 보게 된다. 개는 개여서 전봇대에 한쪽 다리를 들고 오줌을 누는데, 왜 전봇대가 고민하고 속상해하는가.

자, 그렇다면 비판을 대하는 당신의 태도는 어떠한가? 당신은 등에 걸린 주머니 속 당신의 결점을 보려고 하는 사람인가, 아니면 무작정 남을 난처하게 만들고 싶은 사람인가?

누군가 당신에게 뭐라고 비난하더라도 개의치 말자. 그런 비난은 그 사람의 현재 상태를 보여줄 뿐이다. 즉 스스로 만족하지 못하는 그 사람 본인을 향한 비난일 수 있다.

남의 비난을 받았을 때 지나치게 화를 내거나 반격을 한다면 그것을 인정한다는 뜻이 된다. 사람은 스스로를 비난하고 부정할 때 가장 큰 상처를 받는다. 혹시 마음속으로 자신을 비난하고 있지는 않은가? 내가 나 자신을 비난하지 않으면 나를 향한 남의 비난도 무심히 지나칠 수 있다. 그 비난이 나와 전혀 상관없다고 생각하면 당연히 아무 영향도 받지 않는다.

09

당신의 감정은 당신의 것인가,
남의 것인가?

'저 사람이 나한테 왜 그러지? 왜 저런 말을 하지?'

이런 의문이 들었을 때, 곧바로 이렇게 생각한 적이 있을 것이다. '혹시 내가 뭘 잘못했나?'

누군가가 나에게 화를 내거나 날카롭게 말할 때 그 원인이 나에게 있는 경우는 거의 없다. 단지 그 사람의 현재 상태가 그러할 뿐이다. 가끔 친구나 연인이 특별한 이유 없이 공격적으로 말하거나 지난 잘못을 끄집어내며 성질을 부릴 때가 있다. 그 사람 마음이 진정된 뒤에 왜 그랬는지 물으면 대개 이런 대답이 돌아온다. "미안해. 오늘 회사에서 안 좋은 일이 있었거든."

기분이 안 좋을 때는 별것 아닌 사소한 일에도 쉽게 화가 난다. 이유를 알면서도 그 화를 참는 것이 이상하게도 힘들다. 그런데 듣는 사람은 당연히 기분이 나쁘고 억울하다.

'대체 나에게 왜 저러는데?'

'왜 받아치지 못했을까? 나도 똑같이 화를 내줬어야 했는데!'

이렇게 생각할 수도 있다. 하지만 그래 봤자 나만 손해다. 감정의 균형을 잃고 마음의 평정을 잃게 되기 때문이다. 그런 감정 소모는 인생 낭비다.

· · ·

미친개는 사람을 물지만
사람이 미친개를 물지는 않는다

정신과 의사가 친구와 이야기를 나누며 걷고 있는데 환자 한 명이 뒤에서 달려오더니 그의 등을 세게 치고 도망갔다. 정신과 의사는 휘청거리며 넘어졌으나 바로 일어나 옷을 툭툭 털더니 아무 일도 없었다는 듯이 계속 걸어갔다. 친구는 놀랍기도 하고 조금 이상해서 물었다. "그냥 이렇게 가는 거야? 아무 일도 없던 것처럼?"

정신과 의사가 대답했다. "그건 '저 사람'의 문제거든."

여러분은 모두 이해가 되었는지 모르겠다. '정신병 환자'에게 문제가 있기 때문에 그 충돌이 있었던 거지, 의사 본인은 아무 문제가 없다는 뜻이다. 누군가 당신을 공격한다면 그건 그 사람에게 문제가 있는 것이다. 누군가 당신에게 욕설을 퍼부어도 그 사람에게 문제가 있기 때문이며, 누군가 당신을 함부로 대해도 그 사람에게 문제가 있는 것이다. 어느 동물원 사육사는 '온종일 으르렁거리는 동물들과 함께 있다고 해서 나도 으르렁거려야 하는 것은 아니다.'라고 말했다. 미친개는 사람을 물지만 사람이 미친개를 물지는 않는다. 왜일까? 그 사람은 미치지 않았기 때문이다.

· · ·

**상대방에게 화낼 권리가 있다면,
당신에게는 받아주지 않을 권리가 있다**

부처가 수행중에 자신을 좋아하지 않는 사람을 만났다. 그 사람은 며칠에 걸쳐 할 수 있는 온갖 방법을 동원하여 부처를 모욕했다.

결국 부처가 그 사람에게 물었다. "만약 어떤 사람이 당신에게 선물을 하나 했는데 당신이 그 선물을 받지 않고 거절한다면 그 선물은 누구에게 돌아갈까요?"

그가 대답했다. "선물을 주려고 했던 사람에게 돌아가지요."

부처가 미소 지으며 말했다. "맞습니다. 당신의 욕설을 내가 받아들이지 않았으니, 지금 당신은 당신 자신을 욕하고 있는 거로군요."

부처의 말에 그는 멋쩍어하며 자리를 떴다.

부처가 말했다. "공격을 받아주지 않으면, 그 악독한 욕설은 공격한 사람 자신에게 돌아갑니다."

상대방에게 화낼 권리가 있다면, 당신에게는 그 화를 받아주지 않을 권리가 있다. 굳이 감정의 쓰레기통이 되어 주변 사람들의 모든 감정을 다 받아낼 필요가 있을까? 당신이 느낀 감정이 자신의 것인지 남의 것인지 가려낼 줄 알아야 한다. 만약 남에게서 온 것이라면, 어서 원래 주인에게 돌려주자.

철학으로 깨우치기

누군가가 나를 공격했다고 바로 반격을 가한다면, 그것은 곧 그 사람의 감정의 쓰레기를 받아먹어 내 안에 쓰레기를 만드는 것과 같다. 당신이 누군가에게 화가 나서 그 사람이 잘 못 지내기를 바라고 있다고 가정하자. 그래서 그 사람이 힘들어지면 당신은 잘 지낼 수 있을까? 쓰레기를 집어서 다른 사람에게 던졌다면 먼저 더러워진 사람은 누구인가? 당신이 아닌가?

타이완에는 이런 구전 민요가 있다.

"남이 화를 내도 나는 화를 내지 말자. 화내다가 쓰러지면 그 인간만 기쁘다. 화내다가 병이라도 나면 누가 나를 대신하나. 됐다, 됐다, 화를 내지 말자."

다른 사람이 던져버린 쓰레기를 덥석 받는 쓰레기통이 되지 말자.

10

단 하나로만 결론지으려 하지 말고 넓게 사고하자

지혜로운 사람은 관점이 다른 사람과 논쟁하지 않는다. 삶의 경험이 다르면 세상을 바라보는 관점도 당연히 다르기 때문이다.

친구 두 사람이 차를 마시며 대화를 나누던 중 '인간은 어디부터 성장하는가?'의 문제로 논쟁을 벌였다.

"당연한 거 아니야? 사람은 다리부터 성장하지! 바보도 그건 알겠다!" 한 친구가 외쳤다.

"증거 있어?" 다른 친구가 물었다.

"몇 년 전에 바지를 새로 샀는데 그때는 너무 길어서 땅에 질질 끌렸거든? 그런데 지금 봐! 이렇게 짧아졌어. 이게 바로 증거지!"

"웃기고 있네! 눈이 있는 사람이라면 인간이 머리부터 큰다는 걸 모르지 않을 거야. 바로 어제였어. 군인들이 훈련하고 있는 걸 봤거든? 밝은 대낮이어서 내가 두 눈으로 똑똑히 봤지. 아래쪽에 있는 다리는 모두 똑같은데, 글쎄 머리를 보니까 높이가 다 다르더란 말이야!"

· · ·

유일하다고 믿는 생각이
가장 위험한 생각이다

이 두 사람 중에 누구의 말이 틀리고 누구의 말이 맞다고 할 수 있을까? 상대방의 말이 이치에 안 맞아 보이는 것은 나의 관점과 그의 관점이 다르고, 내가 보지 못한 것을 그가 보기 때문이다. 그런데도 내 생각만 맞다고 주장하면 발전적인 소통이 불가능하다.

'유일하다고 믿는 생각이 가장 위험한 생각이다.'라는 프랑스 철학자의 말이 있다. 이 세상의 모든 이치는 살아 숨쉰다. '반드시 그러한 것'은 세상에 없다. 당신이 주장하는 것이 만약 '반드시 그러한 것'이라면 그 주장은 더 이상 살아있는 것이 아니다.

서로를 향해 화를 내며 싸우는 사람들에게 그 이유를 물으면 대부분은 '생각이 다르기 때문'이라고 대답한다. 어떤 문제로 대립하게 되면 대부분은 대체 왜 상대방이 나와 생각이 같지 않냐며 답답해한다. 상대방의 입장에서 생각해보는 사람은 많지 않다. 내가 내 주장만 고집하는데 과연 소통이 가능할까? 자신의 견해를 굽히지 않는 사람과 과연 대화를 이어갈 수 있을까? 그것은 벽을 보고 이야기하는 것과 마찬가지일 것이다.

사람 사이의 관계에서도 마찬가지다. 서로 좋은 관계로 지내기도 하지만 반대로 소외시키고 배척하는 경우도 있다.

"나는 그 사람과 정말 안 맞아."

"나는 그 사람이 늘 거슬리더라."

우리는 이런 말을 종종 하는데, 잘 맞지 않고 거슬리는 것 역시 서로의 다름을 인정하지 않는 데서 비롯된다.

· · ·

평면적인 관점을 버리고
입체적으로 사고하자

서로의 다른 점만 자꾸 생각하면 당연히 잘 지낼 수가 없다. 두 사람 사이의 거리가 계속 멀어지기 때문이다. 그러나 상대방과 자신의 비슷한 점에 조금 더 집중하면 훨씬 쉽게 어울릴 수 있다.

미국의 철학자 에머슨은 이렇게 탄식했다. "인간이 고독한 이유는 서로 간에 다리를 놓지 않고 도리어 벽을 쌓아 자신을 가둬놓기 때문이다."

우리는 때로는 좁은 시야로 세상을 바라보며 마음에 높은 담을 쌓곤 한다. 어떠한 하나의 관점에 치우쳐서 세상을 바라보니 마음의 눈이 넓어지지 않는 것이다. 그러나 세상은 평면적이지 않고 입체적이다. 유연한 사고를 해야 입체적인 이 세상을 이해하고 포용할 수 있다.

철학으로 깨우치기

미국의 경영학자 피터 드러커는 분쟁이 생겼을 때 먼저 '무엇이 옳은가'를 명확히 하고, 그다음에 '누가 옳은가'를 가려야 한다고 조언한다. 하지만 대부분은 순서가 바뀌어서 '무엇이 옳은가'보다 '내가 옳다'를 증명하려고 논쟁한다. 그런데 당신이 논쟁을 통해 그토록 얻고자 하는 것이 과연 그 사람과의 우정과 함께하는 즐거움보다 중요할까? 옳은 사람이 '되려고' 애쓰지 말고 옳은 일을 '하는' 사람이 되자.

11

다른 사람이 원망스럽고 마음에 안 들 때는
당신 자신을 되돌아보라

어느 학생이 친구에게 배신을 당했다. 친구를 믿고 비밀을 털어놓았는데 그 비밀이 다른 친구들에게 알려진 것이다. 그런데 자신을 되돌아보니 결국 그 비밀은 자기 입에서 제일 처음 나왔고, 이처럼 알게 모르게 스스로를 배신한 적이 많았다.

어느 남성은 아내와 자녀가 돈을 헤프게 쓰는 게 불만이었다. 그런데 자신을 되돌아보니 자신도 충동구매를 한 뒤 후회하는 일이 잦다는 것을 깨달았다.

어느 회사원은 책임감 없는 동료를 늘 흉봤다. 그러나 자신을 되돌아보니 자기 역시 부담되는 일에 책임을 지고 싶어하지 않는다는 것을 알게 되었다.

누군가가 원망스럽고 마음에 안 들 때는 당신 자신을 되돌아보라. 분명히 당신에게도 그런 모습이 있을 것이다. 그런데 사람들은 대부분 남 탓만 하고 자신을 되돌아보지 않는다.

· · ·

당신이 싫어하는 그 사람은
당신이 싫어하는 자신의 모습을 갖고 있다

내 강의를 들으러 오는 사람들 중에 늘 미간을 찌푸리고 있는 분이 있었다. 한번은 그 연유를 물었더니 그가 근심 가득한 표정으로 말했다.

"제가 대체 뭘 잘못했는지 모르겠습니다. 왜 회사 사람들이 저를 괴롭히지 못해서 안달일까요? 혹시 저를 만만하게 보는 걸까요?"

"회사 사람들이 어떻게 괴롭히는데요?" 내가 물었다.

"날마다 저에게 이거 해라, 저거 해라 시켜요. 제가 허드렛일이나 하려고 회사에 들어온 사람은 아니잖아요? 제게도 맡은 일이 있다고요!" 그는 억울하다는 듯이 분개했다.

"그럼 그럴 때는 어떻게 대응하나요?"

"방법이 없잖아요. 하라는 대로 하는 수밖에요. 이렇게 우유부단한 제 자신이 너무 마음에 안 들어요."

그의 말 속에 답이 있다. 당신이 상처를 받는 이유는 당신 마음속에 남이 상처를 입힐 만한 여지를 남겨두었기 때문이다. 왜 남들이 당신 머리를 밟고 올라서려 할까? 그건 바로 당신이 고개를 숙이고 있기 때문이다.

남과의 관계는 내가 만드는 것이다. 내가 나를 존중하고 나의 감정과 생각, 상황을 중요하게 생각하면 남도 나를 그렇게 대한다. 반대로 늘 남의 기분을 우선으로 맞추고 아무에게나 뭐든지 다 내어주는 사람은 남의 존중을 받지 못한다.

· · ·

상대방이 늘 그러는 것은
당신이 늘 그렇게 하기 때문이다

사람들이 당신을 존중하지 않는다고 속상해하기 전에 먼저 스스로에게 물어보자. "나는 나 자신을 존중하는가?"

사람들이 당신을 무시한다고 불만을 갖기 전에 스스로에게 물어보자. "나는 나 자신을 중요하게 생각하는가?"

나에게 상처 주는 사람들을 원망하지 말고, 나를 화나게 하는 사람들을 탓하지 말고, 먼저 나를 잘 살펴보자.

맹자는 오래전인 서기 300년에 이미 우리에게 이렇게 조언했다. "어떤 일을 해도 원하는 결과를 얻지 못한다면, 그 원인을 자기 자신에게서 구하라. (행유부득 반구저기, 行有不得 反求諸己)"

일이 잘 안 풀릴 때는 다른 사람에게서 답을 찾지 말고 스스로 답을 구해야 한다. 남이 나에게 무엇을 하는지는 중요하지 않다. 내가 지금 무엇을 하고 있는지가 중요하다. 남의 질병을 진단 내렸다고 내가 가진 질병이 나아지지 않는다. 다른 사람의 나쁜 점을 드러낸다고 나의 좋은 점이 부각되지 않는다. 사고의 방향을 바로 잡아야 한다. 스스로 반성할 줄 아는 사람만이 변화할 수 있다.

철학으로 깨우치기

"어떻게 내 비밀을 다른 사람에게 말할 수 있어!"라고 상대방을 탓하는 당신도 어쩌면 이미 다른 사람에게 그 비밀을 누설했을지 모른다.
"왜 내 입장은 생각해주지 않는 거야?"라고 상대방을 원망하는 당신도 역시 상대방의 입장에서 생각해본 적이 없을지도 모른다.
"거울을 안 보고 사는 거야?"라고 상대방을 비웃지만 정작 거울을 봐야 할 사람은 당신일지도 모른다.
"남의 단점은 나를 성찰할 수 있는 좋은 기회다."라는 칼 융의 말처럼 모든 인간관계는 거울과 같다. 남을 통해 진짜 자신의 모습을 볼 수 있기 때문이다.

12

당신의 우정 통장에는
얼마가 저축되어 있는가?

우리는 알고 지내는 모든 사람과의 관계에 '통장'을 하나씩 갖고 있다. 여기에는 가족, 친구, 사업 파트너, 심지어 건물 관리인과 옆집 사람도 포함된다. 이 통장 안에서 상대방이 나에게 빚을 지기도 하고 내가 상대방에게 빚을 지기도 하는데, 한쪽에서 진 빚이 많아지면 그 관계에 위기가 찾아온다.

그런데 굳건한 관계를 맺고 있는 사람과의 통장에는 감정이 두둑하게 저축되어 있으므로 혹시 두 사람 사이에 어떤 문제가 생기더라도 쉽게 잔액이 바닥나지는 않는다.

이 통장의 이름은 '우정 통장'이다. 은행 통장과 마찬가지로 입금을 할 수도 있고 출금을 할 수도 있다. 우리는 사람들과 어울려 관계를 맺으며 감정을 저축하기도 하고 소비하기도 한다.

. . .

소비 전에는 반드시 저축을 해야 한다

그렇다면 우정 통장에는 어떻게 저축을 할 수 있을까? 아주 간단
하다. 사람들에게 친절하게 인사하고 선한 미소를 지으면 좋은 감
정이 저축된다. 친구와 가족의 이야기에 귀를 기울이고, 만나는 사
람에게 오늘 헤어스타일이 멋지다고 칭찬하거나 일을 정말 잘한다
고 응원을 보내면 통장에는 또 한 번 우정이 저축된다. 남에게 도
움을 주거나 누군가의 잘못을 용서하면 그 또한 저축이 된다. 자신
의 선행을 굳이 드러내려 하지 않고 보답을 바라지 않으면 이자도
붙는다. 프랑스 철학자 파스칼도 "좋은 사람으로 보이고 싶으면 자
신의 장점을 말하고 다니지 마라."고 하지 않았던가. 언젠가 당신이
큰 잘못을 저지르거나 남의 도움이 절실히 필요할 때 당신의 우정
통장 속 잔액이 분명히 큰 도움이 될 것이다.

통장에 저축해놓은 우정은 어떤 식으로 소비될까? 가장 흔한 것
은 비난과 원망이다. 좋은 말도 반복되면 질리는 법이다. 반복되는
비난과 원망은 통장 속에 쌓아놓은 좋은 감정을 빠르게 소비한다.
절친했던 관계가 멀어질 수 있고 심지어 서로 등을 돌리게 될지도
모른다.

그다음으로 흔한 것이 지키지 않는 약속이다. 사소한 약속을 지
키지 않는 사람이 정말 많다. 전화한다고 해놓고 하지 않거나 도와

주겠다는 약속을 잊어버리는 일이 반복되면 주변 사람들에게 신뢰를 잃게 된다.

가족과의 약속도 마찬가지다. 10시 전에 집에 들어가겠다거나 집에 가자마자 숙제부터 하겠다고 큰소리치고 지키지 않는다면, 가까운 가족도 더 이상 당신을 신뢰하지 못한다.

· · ·

마지막 한 방울까지 다 쓰고 나서야
연료를 채우려 하지 마라

통장 속 우정이 고갈되는 또 다른 원인으로 이기적인 모습이 있다. 남을 배려하지 않고 자신이 하고 싶은 대로 행동하는 사람의 우정 통장은 아주 빠르게 빈다. 남이 어려움을 무릅쓰고 도와줬는데 그 도움을 당연하게 여기며 고마움을 표시하지 않거나, 당신을 배려하여 제공해준 편의를 제멋대로 쓰고 심지어 더 많은 것을 요구하는 모습이 대표적인 예라 하겠다.

관계가 파국으로 치닫는 경우를 살펴보면 대부분 통장 속 우정을 과도하게 소비했다. 감정이 이미 빚더미에 올라앉았는데도 계속 지출만 하니 파산에 이른 것이다. 이런 상황에 이르면 가까운 사람마저 모두 떠나는 게 전혀 이상하지 않다.

그러므로 우리는 평소에 저축을 많이 해두어야 한다. 현재 통장 안에 저축해놓은 우정이 많지 않더라도 걱정하지 말자. 지금부터 주변 사람들에게 더 많이 관심을 두고 친절하고 너그럽게 대하면 된다. 또한 약속을 반드시 지켜야 하며 작은 일에도 고마움을 표현해야 함을 잊지 말자.

돈이든 감정이든 인출하기 전에 저축부터 해야 한다. 마지막 한 방울까지 다 쓰고 나서야 연료를 채우려 하지 말자.

철학으로 깨우치기

인간관계는 '통괄 계정' 개념으로 볼 수 있다. 예를 들어 약속 시간에 늘 늦고 뭘 해도 세심하지 않은 친구가 있는데, 그 친구는 당신에게 자주 도움을 주고 당신도 그와 어울리기를 즐긴다. 그렇다면 앞에서 말한 결점만으로 그 친구를 판단하지는 않는다. 또한 부모님이나 연인이 어쩌다 한 번 당신 마음에 상처를 입힐 때가 있어도 그들이 늘 당신을 아끼고 보살펴주며 당신의 사소한 잘못을 눈감아준다면 당신은 그들을 용서하고 포용할 수 있다.

이처럼 사람 사이의 관계는 '통괄 계정' 개념으로 보아야 한다. 저축이 인출보다 많은 관계에서는 어쩌다 한 번씩 상대방이 지출을 하더라도 기꺼이 내어주고, 때로는 이자도 얹어주자. 그렇게 하다 보면 당신의 우정 통장이 더욱더 풍요로워질 것이다.

매일 남과 나누는 대화 내용에 가장 많이
영향을 받는 사람은 남이 아니라 나 자신이다.
내가 하는 말을 전부 다 듣는 사람은 단 한 사람,
바로 나밖에 없기 때문이다.
원하는 바를 자기 자신에게 반복해서 말하면
머지않아 자신이 생각하고 말한 대로 이루어진다.
잠재의식 속에서 암시가 이루어졌기 때문이다.
자신이 불행하다고 계속 말하면 나중에는
정말로 불행한 인생이 되고 만다.

PART 3

당신이 하는 말들

13

당신이 지금 흉보는 사람은, 사실은 당신 자신이다

　　남을 바라보는 눈은 기본적으로 자기 자신에 대한 시선에서 시작된다. 추운 곳에 있다가 집에 돌아온 엄마는 자기도 모르게 아이에게 옷을 더 입힌다. 하지만 막 운동을 마쳐서 온몸이 땀으로 젖은 아빠는 더워 보인다며 아이의 옷을 벗긴다. 자기가 배고프면 아이에게 더 먹으라고 하고, 배부르면 왜 그렇게 급하게 먹느냐고 나무란다. 지나치게 내성적인 사람은 아이가 활발하지 않을까봐 걱정이고, 학창 시절에 공부를 열심히 하지 않은 사람은 아이의 성적에 예민하다.

　　사람은 자신의 감정과 느낌을 남에게 투영한다. 남을 신뢰하지 못하는 사람은 사실 '신뢰가 가지 않는' 자신의 모습을 남에게 투영한 것이다. 내키는 대로 아무 말이나 내뱉는 사람은 대개 다른 사람의 말을 잘 믿지 못한다. 뒤에서 남의 험담을 일삼는 사람은 누군가 자신의 험담을 한다고 의심하며 산다. 적대감을 품고 사는 사람은 늘 다른 사람도 자신을 경계할 거라고 생각한다.

· · ·

남을 옳으니 그르니 하는 사람은
대부분 자신이 그릇된 사람이다

함께 물건을 훔친 도둑들이 훔쳐 온 것들을 꺼내어 나눠 가지려다 보니 물건 몇 개가 부족했다. 말은 못하고 서로 눈치만 보다가 한 명이 못 참고 입을 열었다. "설마 우리 중에 도둑이 있는 거야?"

도둑은 다른 사람도 도둑으로 본다. 자기가 그런 사람이기에 남도 그런 방식으로 이해하는 것이다.

표정이 안 좋은 사람을 보고 당신은 그가 기분이 나쁘거나 일부러 인상을 쓰고 있다고 생각한다. 그런데 어쩌면 뭔가 근심이 있거나 몸이 안 좋기 때문에 표정이 안 좋을 수도 있다. 그렇다면 당신은 왜 후자가 아닌 전자를 원인으로 떠올렸을까? 바로 당신이 기분 나쁠 때 남들 앞에서 인상을 쓰기 때문에 그렇게 생각한 것은 아닐까?

만나기로 한 사람이 갑자기 일이 생겨 약속을 못 지키게 됐다고 하면 당신은 어떤 생각을 할까? 거짓말이라고, 일이 생겼다는 건 핑계일 거라고 생각한 사람은 아마 평소에 누군가를 만나기 싫을 때 그런 식으로 핑계를 대곤 했을 것이다.

예민한 사람은 자기보다 우수한 사람들이 있는 집단에 합류했을 때 유난히 남을 의식한다. 서너 명만 모여 있어도 그들이 자기 이야기를 하고 있을 거라고 생각하고, 그러다 웃음소리가 들리면 분명히 자기를 비웃고 있을 거라고 생각한다. 열등감이 있지 않고서야 어떻게 남들의 말 한마디와 웃음 한 조각에 그토록 쉽게 흔들리겠는가. 의심을 품고 있지 않고서야 어떻게 남들의 속삭임 속에 숨은 비웃음을 그리 쉽게 찾아내겠는가.

의심병이 심한 여성이 내게 물은 적이 있다. "남자친구가 저를 배신하지 않았다는 것을 분명히 알고 있는데도 의심을 멈출 수가 없어요. 대체 왜 이러는 걸까요?"

분명 그녀의 마음속에는 자신에 대한 불신이 있을 것이다. 남자친구와의 관계에 지나친 기대를 품고 있거나 스스로가 매력이 없고 사랑받을 자격이 없다고 생각하는지도 모른다.

나는 그녀에게 이렇게 조언했다. "당신 자신을 믿어야 해요. 그렇지 않으면 앞으로도 끊임없이 스스로에 대한 불신을 주변 다른 사람들에게 투영하게 될 겁니다."

남을 바라보는 눈은 기본적으로 자기 자신에 대한 시선에서 시작된다. 내 기분이 안 좋을 때 옆에 있는 사람이 마음에 들지 않는 것도 그 때문이다. 인간의 이런 속성을 이해하고 받아들이면, 이제 누군가가 의심되거나 남에 대해 안 좋은 이야기가 하고 싶어질 때 그것에 대한 당신의 관점과 태도가 많이 달라질 것이다.

또한 자신의 모습을 투영하여 남을 바라본다는 사실을 깨닫고 나면 그 원인도 찾을 수 있다. 그것은 두려움일 수도 있고 열등감일 수도 있으며 질투일 수도 있고 사랑받고자 하는 마음일 수도 있다. 이렇게 자신을 들여다보면 우리는 훨씬 더 나은 사람이 될 것이다.

14

문단속하듯이 입단속을 해야 한다

우리는 늘 수다를 떨지만 수다만큼 감정이 쉽게 상하는 일도 없다. 수다를 떨다 보면 상처가 남기 마련이다.

A가 당신과 수다를 떨다가 B에 대해 험담을 했다. 당신이 그 말을 믿지 않더라도 당신과 B의 관계에는 분명히 어떠한 변화가 생긴다. 어떤 말을 들으면 자신도 모르게 어느 정도 영향을 받기 때문이다. 거기에 더해서 당신이 들은 이야기를 C에게 전하기까지 하면, 이제 일은 걷잡을 수 없이 커진다. 근거 없는 험담이 입에서 입으로 전해지며 부풀어가기 때문이다.

· · ·

말을 옮기는 사람은 말을 덧붙인다

어느 작은 마을에 교사가 한 명뿐인 아주 작은 학교가 있었다. 이 마을에 한 남자가 이사를 왔는데, 마을 사람들이 보니 아는 것도 많고 정직해서 학교에서 아이들을 가르쳐달라고 부탁했고 남자도 흔쾌히 응했다. 새로 온 이 교사는 아이들과 학부모들에게 인기가 무척 좋았다.

기분이 썩 좋지 않았던 기존 교사는 아내에게 언짢은 말투로 이야기했다. "생각해보면 그 선생의 출신도 불명확한 거 아닌가?"

며칠 후 교사의 아내는 이웃과 대화를 나누다가 남편이 한 말을 꺼냈는데, 거기에 한마디 덧붙였다. "듣자 하니 새로 온 선생님의 출신이 불명확하대요. 여기 오기 전에 어떤 나쁜 일을 하던 사람인지 어떻게 알겠어요?"

이 이웃은 친척과 이야기를 하다가 또 한 마디를 추가했다. "새로 온 선생님의 출신이 확실하지 않은가 봐. 옛날에 어떤 나쁜 일을 하던 사람인지 어떻게 알겠어? 범죄자였을지도 모르잖아!"

그 친척은 친구에게 이야기를 전했고, 역시 말을 덧붙이는 것을 잊지 않았다. "새로 온 선생의 출신이 불명확하대. 옛날에 어떤 나쁜 짓을 하던 사람인지 어떻게 아냐는 거지. 범죄자였을지도 모르잖아. 어쩌면 지명 수배자일지도 몰라!"

이처럼 소문은 꼬리에 꼬리를 물고 퍼져나가며 부풀어갔다. 결국 남자는 씁쓸한 마음으로 학교를 그만두고 마을도 떠나기로 했다. 소문의 시작이었던 기존 교사는 마음이 불편해서 남자를 찾아가 사과했다. 남자는 별말 없이 민들레를 한 움큼 뽑아서 입으로 불었다.

셀 수 없이 많은 홀씨가 공중에 흩어져 날아갔다.

"저 홀씨들을 모두 찾아서 가져오면 당신을 용서하겠습니다."

"그게 가능합니까? 저렇게 많은 홀씨를 어떻게 다 찾아와요?"

그러자 남자가 어두운 얼굴로 말했다. "당신이 만들어낸 소문도 마찬가지예요. 다시 찾아올 수 없을 뿐 아니라 새롭게 싹을 틔워 더 많은 홀씨를 뿌렸어요. 그러니 제가 이 자리에서 당신을 용서하는 게 무슨 의미가 있겠습니까?"

남자는 떠나서 다시는 돌아오지 않았고, 교사에게는 깊은 후회만 남았다.

・・・

당한 사람에게는
잊지 못할 깊은 상처가 남는다

상황을 정확히 모르면서 마음대로 판단하는 건 전혀 객관적이지 않다. 그 사람에 대해 잘 모르면서 함부로 판단하는 건 객관적이지 않을 뿐만 아니라 도덕적이지도 않다. 우리는 문단속하듯이 입단속을 잘해야 한다.

만약 누군가 당신에 대해 사실이 아닌 일을 사실인 양 떠벌린다면 어떻겠는가? 상처를 입을까? 아니면 화가 날까? 속상해하며 '누가 그런 소리를 하고 다니는 거야? 대체 나한테 왜 그러는 거지?'라고 의문을 품지 않을까? 당신에게 상처를 준 그 소문과 어떻게 해도 수그러들지 않는 분노를 마음속으로 계속 곱씹지 않을까?

남에 대한 근거 없는 헛소문은 절대로 떠벌리지 말아야 한다. 입을 열기 전에 반드시 문 세 개를 통과해야 한다고 한다. 첫 번째 문에서는 '지금 하려는 말이 사실인지' 생각해본다. 사실이라면 두 번째 문으로 간다. 두 번째 문에서는 '지금 하려는 말이 꼭 필요한 말인가?'라고 자문해본다. 이번에도 그렇다면 세 번째 문으로 간다. '지금 하려는 말이 선한 의도에서 하는 말인가?' 여기까지 모두 그렇다고 할 수 있으면 이제 입을 열어 말해도 된다. 하지만 문 세 개를 다 통과하기 전에는 무조건 입을 다물고 있어야 한다.

 철학으로 깨우치기

매일 남과 나누는 대화의 내용에 가장 많이 영향을 받는 사람은 남이 아닌 나 자신이다. 내가 하는 말을 전부 듣는 사람은 단 한 사람, 바로 나밖에 없기 때문이다. 대화를 나누는 상대방은 내가 하는 말의 일부만 듣는다.

남을 욕하고 뒷이야기를 늘어놓을 때 그것을 모두 듣고 있는 사람은 오직 자기 자신밖에 없다. 말이 가진 힘은 매우 강하며, 또한 부메랑처럼 자신에게 돌아온다. 그러니 좋은 말과 축복의 말을 많이 해야 한다. 남한테 이롭게 하면 나한테도 이로워진다. 마찬가지로 남에게 욕을 하는 것은 나 자신에게 욕을 하는 것과 같다. 목소리는 어디서 나오는가? 내 말을 내내 듣고 있는 게 누구인가? 바로 나 자신이 아닌가!

15

당신도 최면술사가 될 수 있다

화학 선생님이 교실에서 실험을 진행하다가 이제부터 악취의 전파 속도를 측정하겠다고 말했다. 선생님이 병뚜껑을 연 지 15초 만에 맨 앞줄 학생들이 악취를 맡았다고 손을 들었다. 뒷줄 학생들도 연이어 손을 들어 악취를 맡았다고 했다. 그런데 사실 병 속에는 아무 물질도 들어 있지 않았다. 학생들이 너나 할 것 없이 손을 든 것은 암시의 영향을 받았기 때문이다.

심리적 암시는 일상생활에서 자주 겪는 심리 현상이다. 대표적인 예가 최면술이다. 팔을 들어올릴 수 없을 거라는 최면에 걸린 사람은 한 치의 의심도 없이 팔이 무거워서 들어올릴 수 없다고 믿는다. 그렇게 굳게 믿으면 정말로 팔을 들 수 없게 된다. 이런 식의 최면술이 암시 작용에 따른 것임을 우리는 잘 알고 있다.

일상생활 속에서도 자신이나 타인의 암시는 자주 나타나는 현상이다. 흔한 예로 하품하는 사람을 보면 나도 하품하고 싶고, 다른 사람의 눈에 눈물이 고여 있는 것을 보면 갑자기 눈물이 흐를 것 같다. 누군가 매실을 한입 물었을 때의 새콤함을 묘사하면 갑자기 군침이 돌기 시작한다.

· · ·

반복해서 말하면 이루어진다

점을 보고 온 뒤 점쟁이의 예언처럼 일이 흘러가면 점쟁이가 신통하다고 생각한다. 하지만 사실은 점쟁이가 신통한 것이 아니라 우리가 예언의 '암시'를 믿었기 때문이다. 자기도 모르게 점쟁이가 말한 대로 하다 보니 그 예언이 현실이 된 것뿐이다.

결혼을 앞둔 커플이 궁합을 보러 갔다가 원진살이 꼈다는 이야기를 들었다. 두 사람은 개의치 않고 결혼했지만 사소한 말다툼이라도 일어나면 늘 그 원인을 원진살로 돌렸다. 결국 두 사람의 관계는 이혼으로 끝났다. 앞서 들은 나쁜 소리가 자꾸만 잠재의식을 파고든 결과였다.

자기 자신에게 하는 말은 아주 큰 힘을 갖는다. 자신에게 하는 말과 겉으로 드러나는 행동에 밀접한 관계가 있다는 것은 과학으로도 증명됐다. 원하는 바를 자기 자신에게 반복해서 말하면 머지않아 내가 생각하고 말했던 그대로 이루어진다. 잠재의식 속에서 암시가 이루어졌기 때문이다.

하지만 안타깝게도 많은 사람들이 지금 스스로 암시를 걸고 있다는 사실을 모른 채 자꾸 부정적인 말과 생각을 반복한다.

· · ·

실패의 언어는 자신에게 하는 '저주'다

최면에 걸렸을 때 그렇듯이 우리의 내면은 무엇이 진실이고 무엇이 상상인지 구분하지 못한다. 그런 잠재의식이 어떠한 지령을 받으면 곧바로 신체, 감정, 생각에 연결하여 그 지시를 수행한다. 예를 들어 '나는 유약하고 무능력한 사람이다.'라는 말이 잠재의식에 전해지면 바로 신체와 연결되어 몸이 약해지고, 감정과 연결되어 무기력해지고 낙담하게 되며, 생각과 연결되어 사고가 무뎌진다.

그러므로 실패의 말을 자주 하는 사람은 자신에게 '저주'를 퍼붓는 것과 마찬가지다.

"나는 안 돼."

"나는 글렀어."

"나는 멍청해."

"나는 제대로 하는 게 하나도 없어."

자신을 부정적으로 평가하는 이런 말을 자주 하는 사람은 자신의 미래를 저주하고 있다.

행운이 깃들기를 바라는 마음으로 강아지의 이름을 '럭키'로 지은 사람이 있었다. 그런데 행운이 생기기는커녕 처한 상황이 갈수록 나빠졌다. 그는 도무지 이해할 수가 없었다. 그러던 어느 날 집을 나서다가 문득 깨달았다. 외출할 때마다 그는 "럭키, 굿바이!"라고 외쳤던 것이다.

내가 하는 말이 나의 인생이 된다.

철학으로 깨우치기

당신이 갖고 있을 수많은 견해 중에 가장 중요한 것 하나를 꼽자면 그건 바로 당신 자신에 대한 견해다. 하루 종일 하는 말 중에 가장 중요한 것 또한 자신에게 하는 말이다. 우리는 긍정적인 언어로 생각하고 말하는 연습을 해야 한다.

'나는 자신감이 넘쳐.'
'나는 이 일을 해낼 수 있어.'
'나는 의지와 끈기가 있는 사람이야.'
'갈수록 좋아질 거야.'

이와 같은 긍정적인 생각을 할 때 (혹은 이런 말을 큰 소리로 외칠 때) 당신의 잠재의식도 같은 방향으로 움직이기 시작한다. 여기서 명심해야 할 점은 반드시 현재형으로 말해야 한다는 것이다. '이러이러하기를 바란다.'라거나 '이러면 좋겠다.'라고 말하면 안 된다. 나에게는 '이미' 그런 능력이 있다고 말해서 나의 신체와 감정과 생각에 긍정적인 힘을 가득 채워야 한다. 이렇게 하면 당신도 최면술사가 될 수 있다.

16

말이 씨가 된다

카페에 모여 앉아 수다를 떠는 사람들 사이에서는 무슨 이야기가 오갈까? 어쩌면 남의 흉을 보거나, 걱정거리를 늘어놓거나, 누군가를 원망하고 있을지도 모른다.

고등학교 교실이나 대기업의 구내식당, 포장마차에서는 어떤 이야기가 오갈까? 힘든 현실에 대한 넋두리나 실의에 찬 말이 많을 것이다.

모두 그런 건 아니겠지만 어쨌든 내가 하고 싶은 말은 대다수의 사람들이 늘 습관적으로 원망을 한다는 것이다.

사람들이 하는 말을 주의 깊게 들어보면 그들의 현재 상황을 알수 있다. 나는 30분 정도만 대화를 나누면 상대방이 현재 어떤 어려움에 처해 있는지 정확하게 파악할 수 있다. 또한 그의 말을 통해 그 사람이 어떻게 그런 어려움을 만들어냈는지도 알 수 있다.

지금 걱정하는 일이
진짜로 일어날지도 모르니 조심하자

'그 사람 자신이 그런 어려움을 만들어냈다고? 말도 안 돼.'

당신은 자기 자신을 어려움에 빠뜨리는 멍청이는 없을 거라고 생각할지도 모르겠다. 그런데 이런 말을 들어보거나 말해본 적이 있을 것이다.

"회사가 망하면 어떡하지? 그러면 나는 실직하는 건데……."

"저 사람은 그저 나를 이용하려는 거야. 나중에 내 발목을 잡을지도 몰라."

"수입이 이렇게 적으니 나는 영원히 집을 못 살 거야."

"나는 재테크를 잘 못하니까 주식을 사면 분명히 실패할 거야."

또 있다.

"분명히 가망이 없어."

"어차피 그 사람이 만족하지 못할 텐데 뭐 하러 노력을 해?"

"학교를 다니다 말고 졸업도 못하면 너무 창피한 일이 아닌가?"

"만일 무슨 일이 생기면 어떡하지?"

이런 말을 자꾸만 입에 담는 것은, 그렇게 되면 좋겠다고 소원을 비는 거나 마찬가지다.

예전에 아버지가 발목을 심하게 삔 적이 있었다. 당시 아버지는 마당 텃밭에 여러 가지 채소를 심으셨는데, 덩굴식물이 잘 타고 올라갈 수 있도록 대나무를 가져다 지지대를 만들어줘야겠다고 생각했다. 그런데 아버지는 며칠 뒤에 중요한 행사에 참석해야 했다. '대나무를 찾으러 산에 갔다가 넘어져 발목을 삐기라도 하면 어쩌나?' 이런 걱정이 들어 아버지는 며칠 뒤 행사가 마무리된 뒤에 산에 올랐다. 그런데 산에 갔다가 정말로 넘어져서 발목을 삐고 말았다.

· · ·

그러니 좋은 말이 아니면 차라리 말을 하지 말자

사실 이런 예는 일일이 언급하기 힘들 정도로 많다.

운동선수인 친구가 척추 부상을 당했다고 해서 문병을 갔다. 친구는 예전부터 혹시 사고를 당해서 사지 마비가 될까 봐 늘 걱정이었다고 했다.

"나는 늘 반신불수가 되어 다리를 못 쓰면 어쩌나 걱정했거든. 그런데 그런 일이 정말로 일어났어."

남편이 항상 늦게 퇴근하여 불만인 여자가 있었다. 그녀는 매일 홀로 두 아이를 돌보며 남편이 집에 좀 있으면 좋겠다고 늘 바랐다. 누구를 만날 때마다 이런 불평을 늘어놓으니 부정적 기운이 영향을 미치는지 나쁜 일이 자꾸 생겼다. 아이가 아픈 적도 있었고 자동차가 긁히기도 했다. 그때마다 남편이 급히 와서 해결해주곤 했다. 최근에는 남편마저 다리가 부러졌다. 남편이 출근하지 못하고 집에만 있으니 이것이야말로 그녀가 '간절히 원하던' 결과가 아닌가?

어떤 친구는 자동차 보험료만 내고 몇 년째 사고 한번 나지 않았다면서 지금까지 낸 보험료가 너무 아깝다고 투덜거리곤 했다. 최근에 드디어 바라던 대로 보험금을 탈 수 있게 됐는데, 사람까지도 병원 신세를 지고 있다.

말이 씨가 된다고 했다. 말은 생각을 강하게 지배하기 때문에 부정적인 말이 반복되면 인생도 그렇게 흘러간다. 늘 운이 나쁘고 늘 나쁜 일만 생긴다고 불평하는 사람들은 불평하고 있는 지금 이 순간도 조심해야 한다. 늘 나쁜 일만 생기는 이유는 계속해서 나쁜 일을 언급하며 원망하기 때문이다. 원망할수록 그 원망 속에 갇힌다. 불행한 일을 늘 언급하는 사람에게 실제로 불행한 일이 일어나는 것은 전혀 놀랍지 않다.

철학으로 깨우치기

'믿는 대로 이루어질 것이다.'라는 성경 구절이 있다. 신은 당신이 생각한 것을 그대로 복사하여 당신에게 이루어지게 한다. 당신이 입으로 말하는 한마디 한마디가 당신의 미래를 결정한다.

미국의 사상가 랠프 월도 에머슨은 우리에게 이렇게 경고한다.

"문자는 살아있기에 건설할 수도, 파괴할 수도 있다."

그러니 좋은 말이 아니면 차라리 말을 하지 말자. 입을 가볍게 놀리지 말자.

17

남의 기대 속에서 내가 성장한다

한 사람을 어떻게 하면 멋진 사람으로 만들 수 있을까? 방법은 두 가지다. 첫째, 그 사람 스스로 멋진 사람이라고 느끼게 만든다. 둘째, 정말로 멋진 사람이 되게 한다.

사람은 남이 자신을 묘사하는 모습으로 바뀌기 마련이다. 또한 자신을 대하는 상대방의 태도와 똑같이 상대방을 대하기도 한다. 예를 들어 친구들이 당신을 긍정적인 사람으로 여기면 당신은 그들 앞에서 늘 긍정적이고 밝은 모습을 보이려 할 것이다. 또한 당신이 어떤 친구를 굉장히 친절하다고 여기면 그 친구는 당신 앞에서 늘 친절한 모습을 보이려 할 것이다. 이처럼 사람은 남이 자신에게 거는 '기대'에 부합하려 한다. 아이에게 착하고 말을 잘 듣는다고 자주 말해주면 그 아이는 정말 그렇게 변한다. 연인에게 자상하고 책임감이 있다고 말하거나 무뚝뚝하고 남을 배려할 줄 모른다고 말하면, 그는 당신이 말하는 모습으로 변해갈 것이다.

. . .

먼저 그가 스스로 멋진 사람으로
여기도록 만들자

자기계발과 동기부여의 대가인 지그 지글러는 사람이 가진 성공의 잠재력을 최대치로 발휘할 수 있도록 도와준 대표적인 인물이다. 그는 이렇게 말했다.

"상대를 바라보는 관점이 그 사람을 대하는 태도를 결정하고, 그 사람을 대하는 나의 태도를 통해 그의 행동이 달라진다."

가족에게는 짜증을 내고 무책임하게 행동하면서 다른 사람들 앞에서는 예의 바르고 책임감 있게 행동하는 사람들이 있다. 이런 사람은 이쪽 사람들과 저쪽 사람들 앞에서 각기 다른 이미지를 갖고 있다. 귀까지 빨개질 정도로 심하게 화를 내던 사람이 갑자기 걸려온 전화에는 상냥한 목소리로 통화하며 웃기까지 한다. 어떻게 된일일까? 상대에 따라 자신의 이미지가 다르기에 행동도 그에 맞게 달라지는 것이다.

영화 〈마이 페어 레이디〉에서는 친구 사이인 교수와 대령이 길거리에서 꽃을 파는 하층 계급 여인을 훈련시켜서 세련되고 우아한 귀부인으로 만드는 내기를 한다. 이 영화에서 기대가 만들어내는 힘을 잘 보여주는 대사가 있다. 여주인공이 피커링 대령에게 하는 말이다.

"히긴스 교수님 앞에서는 원래의 제 모습처럼 거칠게 행동하고 말을 막 하고 싶어요. 교수님은 아직도 저를 길거리에서 꽃 파는 여자애로만 보니까, 귀부인처럼 행동하기 싫어져요. 그런데 대령님은 달라요. 대령님 앞에서는 귀부인처럼 보이고 싶어서 말과 행동 모두 조신해진답니다. 대령님 마음속에서 저는 이미 우아한 귀부인이라는 걸 알고 있거든요."

· · ·

마지막에는 그가 정말로 그런 사람이 되도록 하자

이 역시 '피그말리온 효과'를 입증하는 예시다. '피그말리온 효과'란 아이가 자신에게 기대하는 모습과 자신을 바라보는 관점에 맞춰 자란다는 교육학 이론이다. 프로이트는 저서 〈꿈의 해석〉에서 그가 위대한 사람이 되려고 노력한 것은 어머니가 자신을 믿어줬기 때문이라고 했다. 어머니는 그에게 늘 장차 위대한 사람이 될 거라고 했다. 당신이 만약 자녀에게 계속 멍청하다고 말하면 당신의 아이는 정말로 멍청해질 것이고 멍청한 일만 할 것이다.

남에 대한 우리의 견해와 관점은 그들이 우리 앞에서 보일 모습을 결정하며 관계의 성격도 결정짓는다. 당신도 분명히 경험한 적이 있을 것이다. 나를 칭찬하는 사람 앞에서는 정말로 잘하게 된다. 이유가 무엇일까? 나를 좋게 보는 사람을 실망시키고 싶지 않기 때문이다. 당신이 남을 칭찬할 때도 마찬가지다. 당신이 상대방에게 어떤 견해를 반복해서 밝히면 그 사람은 정말로 당신이 말한 모습을 보이게 된다.

뮤지컬 〈맨 오브 라만차〉에서 돈키호테는 하녀이자 매춘부인 알돈자를 조건 없이 신뢰한다. 그리고 그 신뢰는 그녀의 자아 형상을 조금씩 변화시킨다. 그리고 그녀가 과거와는 다른 태도로 스스로를 마주하게 되자 그녀의 태도와 행동, 성과도 모두 달라졌다. 이 경우에서 알 수 있듯이 당신과 가까운 사람이 점점 망가지고 있다면, 혹시 당신이나 주변인들이 그 사람에 대해 안 좋은 견해와 태도를 가지고 있었던 것이 아닌지 반성해봐야 한다.

말로는 엉망인 사람이라고 하면서 동시에 그가 잘되길 바라는 것이 과연 가능할까? 고개를 들지 못하게 만들어놓고 고개를 들고 가슴을 펴라고 하는 것과 같다.

철학으로 깨우치기

독일의 위대한 작가 괴테는 이렇게 말했다.
"만약 당신이 그 사람의 현재로 그를 바라보면 그는 현재를 유지할 것이고, 그의 능력과 장차 이뤄낼 성과로 그를 바라보면 그는 그 목표를 향해 나아갈 것이다."
우리가 하는 말을 통해 상대방은 우리가 자신에게 무엇을 기대하는지 깨닫는다. 말에 비난이 섞여 있으면 앞으로 그는 우리가 비난한 대로 행동할 것이다. 칭찬은 지금보다 나은 방향으로 향하게 해주지만, 비난은 하향시키며 그 비난대로 살아가게 한다.

18

찬물을 끼얹는 사람이 아니라
향수를 뿌려주는 사람이 되자

사람의 심리를 잘 안다면 '사람은 누구나 듣기 좋은 말을 좋아한다.'는 사실도 잘 알 것이다. 일을 잘 못하는 직원에게 사장이 늘 이렇게 타박을 한다면 어떨까?

"왜 이렇게 굼뜨지? 며칠이 지났는데 아직도 못 끝냈어? 가장 기본적인 원가 계산도 못하다니! 더 열심히 하지 않으면 자네한테 미래는 없어!"

아내가 게으른 남편에게 늘 이렇게 잔소리를 한다면 어떨까?

"몇 번을 말해야 해? 물건을 썼으면 제자리에 갖다놔야지! 여기저기 어질러놓기만 하면 어떡해? 정리는 단 한 번도 안 하면서, 종일 텔레비전만 볼 거야?"

과연 그들은 달라질까? 절대로 달라지지 않을 것이다.

심리학 실험을 위해 쥐에게 보상과 처벌이라는 상황을 부여했다.

쥐들은 보상을 받으면 보상받는 행동을 학습했고, 처벌을 받으면 처벌받는 행동은 학습하지 않았다. 아무리 꾸짖고 나무라도 상대방이 내가 원하는 행동을 하지 않는 이유가 바로 이것이다.

· · ·

사람은 자기가 듣고 싶은 말만 듣는다

어느 동물학자가 친구와 길을 걷다가 시끄러운 전동 드릴 소리가 들리는 공사장 앞에서 걸음을 멈추고는 말했다. "들어봐. 여기 판자 뒤에 귀뚜라미 한 마리가 숨어 있어!"

친구가 놀라서 물었다. "차 소리와 기계 소리가 이렇게 시끄러운데, 귀뚜라미 울음소리를 어떻게 들었어?"

동물학자가 대답했다. "그건 아주 쉬워! 자동차 소리나 드릴 소리는 싫어하지만, 귀뚜라미 울음소리는 내게 음악 같거든."

그러더니 동전 하나를 길바닥에 떨어뜨렸다. 동전이 굴러가는 소리에 지나가던 사람 몇이 동시에 뒤를 돌아보았다. 동물학자가 말했다. "봐, 사람은 자기가 좋아하는 소리만 듣는다니까!"

그러므로 상대의 잘못을 자꾸 반복해서 말하지 말고, 듣기 싫어하는 말은 적당히 하자. 상대방에게 계속 부정적인 말을 하면서 그가 좋은 방향으로 바뀌기를 기대하는 건 모순이다.

친구나 가족, 동료가 잘되기를 진심으로 바라지만 결과가 당신의 기대에 못 미치는 경우가 있다. 여기서 문제는 대부분 '당신의 말'에 있다. 당신은 상대방이 좋은 방향으로 변화하거나 당신과의 관계가 좋아지기를 기대하지만, 일단 상대방이 당신의 말에 반감을 품으면 그 기대는 실패로 끝날 수밖에 없다. 반감이 생긴 그들이 당신의 말을 받아들이지 못하기 때문이다.

· · ·

채찍보다는 당근을!

그렇다면 어떻게 해야 할까? 칭찬을 하면 된다.

"이렇게 하니까 괜찮네!"

"아주 잘했어!"

상대방이 한 일 중 인정받을 만한 일을 찾아서 그에 대한 당신의 긍정적인 생각을 적극적으로 표현한다.

"내가 많이 늦었는데 기다려줘서 고마워."

"어제는 내가 감정 조절이 잘 안 됐지? 네가 마음이 넓어서 정말 다행이야."

"이렇게 하기 쉽지 않았을 텐데, 내가 다 자랑스럽다."

당신이 지속적으로 칭찬하면 상대방도 계속 그렇게 행동할 것이다. 이 방법은 학교와 회사, 집에서 모두 활용할 수 있으며, 친구뿐 아니라 가족과 연인 등 이 세상 누구에게나 효과적이다.

찬물을 끼얹는 사람이 아니라 향수를 뿌려주는 사람이 되자. 당신이 그들을 좋게 보고 있다고 알려주는 것은 별로 힘들지도 않고 (적어도 화내고 욕하는 것보다 에너지 소비가 덜하다.) 그로 인한 성과가 어느 정도일지 예측할 수 없을 정도로 유용하고 효과적이다.

말 한마디가 한 사람의 평생을 좌우하기도 한다. 당신은 오늘 한 말을 내일이면 잊을지 모르지만, 들은 사람은 평생 잊지 못하고 마음에 깊이 새겨둘지도 모른다.

누구나 인생에서 한번은 전성기를 맞는다. 그 전성기는 대부분 타인의 격려와 칭찬에서 시작된다.

 철학으로 깨우치기

하버드대학 출신의 유명한 심리학자 윌리엄 제임스는 이렇게 말했다. "인간 본성에서 가장 깊숙이 자리 잡고 있는 것은 인정받기를 갈구한다는 것이다."

칭찬은 그에 걸맞은 행동을 이끌어낸다. 그리고 칭찬이 이어지면 그 행동도 계속 이어진다. 칭찬은 그 사람의 무한한 가능성을 만들어내므로 칭찬이 과할까 봐 걱정하지 않아도 된다. 혹시 과한 칭찬으로 인해 자만심이 생길까 봐 칭찬하기를 망설이고 있다면, 당신이 볼 수 있는 상대방의 최고 모습을 놓칠지도 모른다. 오히려 좋은 행동에 대한 당신의 반응이 시큰둥할 때 그 반대의 행동이 나올 수 있다. 무시당하고 인정받지 못하는 것을 원하는 사람은 없기 때문이다.

당신이 누군가에게 "잘 지내시죠?"라고 물었는데
상대방이 무덤덤하게 "네!"라고 대답한다면
과연 정말로 그가 잘 지낸다는 느낌이 들까?
당연히 아니다. 당신이 '느낀 것'은 그의 대답과 다르기 때문이다.
주변 사람 중에 가장 친절한 사람을 떠올려보자.
그 사람을 처음 만나고 얼마 만에 그가 친절한 사람이라는
생각이 들었을까? 아마도 만나자마자 그렇게 느꼈을 것이다.
불친절한 사람도 한번 떠올려보자. 이 경우도 역시 한눈에
그렇게 느꼈을 것이다. 사람들은 남의 행동은 잘 잊어도,
남에게 받은 느낌과 인상은 오래도록 기억한다.

PART 4

당신이
타인에게 주는
느낌들

19

당신의 표정과 말투도
메시지다

　　자신의 목소리를 녹음해서 들으면 대부분 이런 반응을 보인다. "내 목소리가 이렇다고?"

　목소리뿐 아니라 말할 때의 표정도 본인은 잘 모른다. 화를 내고 있을 때 자신의 표정이 어떤지, 평상시 어투가 상대방에게 어떻게 들리는지 아는 사람은 매우 드물다.

　상대방의 입장에서는 우리의 눈빛과 표정, 말투 모두 우리가 전하는 메시지의 일부다. 미간을 찌푸리고 굳은 표정을 짓고 있으면 상대방은 자신에게 호의가 없다고 느낀다. 당신은 '그런 뜻'이 아니어도 상대방은 불편하다. 거기에 목소리를 높이기까지 하면 자연스럽게 상대방에게 반감이 생기고 때로는 다툼이 일어나기도 한다.

때로는 말하는 내용보다
표정이 더 중요하다

　사람들은 자기가 받는 느낌을 매우 중요하게 여긴다. 그러다 보니 말투가 마음에 안 들어서 상대방의 부탁을 거절하기도 하고 잘난 척하는 품새가 싫어서 상대방의 의견에 동의하지 않기도 한다. 이처럼 때로는 말하는 내용보다 표정이나 말투가 더 중요하다. '어떻게 말하는가'가 '무엇을 말하는가'보다 더 크게 와 닿는 것이다.

　캘리포니아대학교 로스앤젤레스 캠퍼스(UCLA) 심리학과 명예교수인 앨버트 메라비언이 발표한 '메라비언의 법칙(73855 법칙)'에 따르면 상대방에 대한 인상이나 호감을 결정하는 데 말의 내용은 겨우 7퍼센트만 영향을 미치고, 목소리나 말투 같은 청각적 요소가 38퍼센트, 표정이나 외모에서 풍기는 느낌 같은 시각적 요소 55퍼센트의 영향을 미친다고 한다.

　당신이 누군가에게 "잘 지내시죠?"라고 물었는데 상대방이 무덤덤하게 "네!"라고 대답한다면 과연 정말로 그가 잘 지낸다는 느낌이 들까? 당신이 누군가에게 사과했는데 상대방이 굳은 표정으로 "괜찮습니다."라고 한다면 당신은 괜찮다는 그 사람의 말을 그대로 받아들일 수 있을까? 당연히 아니다. 당신이 '느낀 것'은 그들의 말과 다르기 때문이다. 말의 내용이 아닌 말투와 표정으로 그들의 진심을 파악했을 것이다.

그러므로 우리는 표현 방식을 바꿔야 한다. 누군가로 인해 화가 날 때는 '분노가 치민다', '화가 난다'와 같은 표현 대신 '당신으로 인해 힘들다', '유감이다'라고 표현할 수 있다. 마음에 들지 않을 때는 '싫다', '밉다' 대신 '별로다'라고 표현할 수 있다. 머릿속으로 한번 상황을 그려보자. 단어를 바꾸니 화가 덜 나는 것 같지 않은가?

우리는 어릴 때부터 글과 문법을 배우지만, 내가 선택하는 단어가 어떤 영향을 미치는지는 아무도 가르쳐주지 않는다. 우리가 사용하는 단어는 우리의 사고와 정서에 직접적인 영향을 미친다.

사람의 정서는 우뇌에서, 언어는 좌뇌에서 처리하는데, 우뇌가 부정적인 정서를 인지하면 뇌량을 거쳐 언어를 관장하는 좌뇌에 신호를 보내서 그에 걸맞은 말을 입으로 내뱉게 된다. 마찬가지로 좌뇌가 부정적인 단어를 접하면 우뇌에 전달하여 그에 걸맞은 감정이 생긴다. 우리가 쓰는 언어에 감정을 움직이는 방아쇠가 달린 셈이다. 예를 들어 누군가로부터 어떤 말을 들었을 때 과거에 있었던 일이 떠오르면 고통과 분노, 모욕감 같은 감정이 생겨서 현재 나의 표정과 말투에 영향을 미치게 된다.

표현 방법에 신경을 쓰기 시작하면 삶에 변화가 생긴다. 인신공격과 욕설을 하지 않고 감정적인 표현을 쓰지 않는 것만으로도 여러 충돌을 피할 수 있으며, 유머가 담긴 언어를 사용하면 삶이 즐겁고 재미있어진다. 또한 낙관적인 언어로 세상을 바라보기 시작하면 어느새 낙관적인 사람이 된다.

철학으로 깨우치기

말투와 표현 방법을 바꾸면 본인의 감정 상태에도 도움이 되고 인간관계도 개선된다. "그건 네 일이야." 대신 "네가 해보는 게 어때?"라고 상대방에게 선택권을 주면 상대방의 기분도 나빠지지 않고 두 사람의 관계도 상하지 않는다.

"네가 그렇게 하는 것을 도저히 못 참아!"라고 화내기보다는 "네가 이렇게 하면 내가 기분이 나아질 것 같아!"라고 말하자.

"너는 매일 내 성질을 건드려."라고 말하기보다는 "네가 그렇게 하면 내가 화날 수 있어."라고 말하자.

이렇게 하지 못한다면, 아마 당신이 먼저 화가 나서 괴로울 것이다.

이제 펜을 잡고 연습해보자.

1. 당신이 자주 쓰는 감정적인 말투와 표현 세 가지를 적어보자.
2. 들으면 편안하고 기분이 좋아지는 말투와 표현으로 바꿔보자.
3. 이렇게 고친 표현을 친구 세 명에게 기회가 될 때마다 써보자. 3주 정도만 자주 사용해도 금방 습관으로 자리 잡을 것이고, 그로 인해 당신의 삶에도 변화가 생길 것이다.

20

진정으로 강하기에
약할 수 있다

　　대부분의 사람이 '강함'과 '약함'을 상반되는 뜻으로 생각해서 부드럽고 유연하면 나약하고, 세고 거칠면 강하다고 여긴다. 그러다 보니 혹시라도 남들에게 약자로 보일까 봐 더 세고 강하게 행동한다. 하지만 이건 오랜 시간 쌓여온 '오해'다.

　단단한 껍데기에 쌓여 있는 연한 생물체들이 있다. 달팽이, 조개, 새우, 게 등이 그렇다. 속이 연한 것들은 모두 단단한 껍데기를 가졌다. 사람도 그렇다. 내면이 약한 사람은 일부러 강한 척한다. 열등감이 있는 사람은 오히려 자존심이 센 척한다. 다만 다른 점이 있다면 앞선 생물들의 '단단한 껍데기'는 '내면'을 보호하기 위함이지만, 사람이 강한 척하는 것은 '체면'을 지키기 위함이다.

자존심은 '체면'이고,
자존감은 '내면'이다

사람들은 남이 자신을 얕보는 것을 극도로 싫어하여 자신이 조금이라도 만만하게 보일 것 같으면 바로 남을 비방하고 낮춘다. 남을 낮춤으로써 상대적으로 우월감을 느끼는 것이다. 그렇다면 우월감이 왜 필요할까? 열등감 때문이다. 명품 브랜드에 대한 집착도 일종의 우월감인데, 이런 우월감은 열등감에서 시작된다.

사람들은 왜 남에 대해 나쁘게 말할까? 남을 비난함으로써 자신이 그 위에 서 있는 기분을 느끼기 때문이다. 그러나 이런 기분은 얼마 못 간다. 구멍 난 타이어에 공기를 잔뜩 넣어도 얼마 안 가 다시 공기가 빠지는 것처럼 우리 마음에도 구멍이 있기 때문이다. 그런데 공기가 빠진 뒤에 다시 공기를 넣어 팽창시키면 또다시 우월감으로 남의 마음에 상처를 입힌다.

사람들은 왜 화를 낼까? 이 역시 열등감 때문이다. 화를 냄으로써 자신의 무능함을 덮어버리는 것이다. 버럭 화를 내는데 누가 와서 건드릴까? 탁자를 그렇게 세게 내리치는데 누가 당신의 '능력'을 의심할까? 차라리 화를 내면 냈지 잘못은 인정하고 싶지 않은 심리다. 잘못을 인정하는 데에는 용기가 필요한데, 자기 자신에 대한 긍지와 자부심이 있는 사람만이 용기를 낼 수 있다.

자존심은 '체면'이고 자존감은 '내면'이다. 자존심이 센 사람은 오만하고 우쭐거리지만, 실제 내면은 굉장히 유약하고 나약하다. 자존심이 센 척하면서 내면의 열등감을 숨기는 것이다. 열등감이 많은 사람일수록 체면을 중시하며 허세가 심하다.

. . .

사람은 자신의 열등한 부분이
가장 신경 쓰인다

며칠 동안 아무것도 먹지 못한 여우와 원숭이가 우연히 동굴을 발견해서 안으로 들어가봤다. 동굴에는 큰 불상이 하나 있었고 그 옆에 병 두 개가 놓여 있었다.

여우가 불상 앞에서 간절히 청했다. "저희 둘 다 며칠 동안 아무것도 먹지 못했습니다. 이러다가는 굶어죽을 것 같습니다."

불상이 말했다. "여기 병 두 개가 있다. 하나는 음식이 들었고 하나는 비어 있다. 잘 보고 하나만 골라라."

이에 여우가 말했다. "둘 중 하나만 음식이 들어 있다고요? 딱 봐도 둘 다 빈 병이 틀림없습니다."

이 말을 들은 병 하나가 발끈했다. "나는 빈 병이 아니거든!"

그러자 여우가 바로 손을 뻗어 다른 병을 끌어안았다. 뚜껑을 열어보니 역시 안에는 음식이 가득했다. 옆에서 보고 있던 원숭이가 신기하다는 듯 물었다. "그 병에 음식이 든 걸 어떻게 알았어?"

여우가 웃으며 말했다. "속이 텅 빈 사람은 남한테서 비어 있다는 말을 듣는 걸 제일 싫어하거든. 그런데 꽉 차 있는 사람은 누가 뭐라고 하든 상관하지 않지."

사람은 자신의 약점을 가장 신경 쓰고, 약점을 건드렸을 때 가장 긴장한다. 자신감 넘치는 사람이라면 굳이 다른 사람들에게 가서 무엇을 증명할 필요가 있을까? 아니다. 태양은 굳이 양초를 구해서 빛을 더하지 않는다. 정말로 강한 사람은 강한 척하지 않는다.

바람은 눈에 보이지 않으나 큰 나무를 움직일 수 있고, 물은 약해 보이나 단단한 바위를 뚫을 수 있다. 이 세상에 가장 약한 존재가 가장 강한 존재다. 예수, 석가모니, 간디, 링컨이 그랬던 것처럼 진정으로 강하기에 약할 수 있다.

철학으로 깨우치기

두 사람이 싸우다가 한 사람이 먼저 물러섰다. 누가 더 품격 있을까? 앙금이 있던 두 사람 중 한 사람이 먼저 사과를 했다. 누구의 그릇이 더 클까? 내면이 꽉 찬 사람은 체면을 내려놓을 줄 안다. 자신감이 있는 사람은 허리를 굽힐 줄 안다. 자존감이 높은 사람은 양보할 줄 안다.

노자는 이렇게 말했다. "그가 다투려 하지 않으니 천하가 그와 다툴 수 없다. 큰 강은 한 줄기 물도 마다하지 않기에 깊은 강이 되고, 태산은 한 줌의 흙을 마다하지 않기에 큰 산이 되며, 우주는 공간에 대한 집착이 없기에 영원이 될 수 있다."

이처럼 한 발 물러서는 것이 곧 한 걸음 내딛는 것이다. 이길 생각이 없는 사람을 이겨낼 방도는 없기 때문이다.

21

꼿꼿이, 바르게

"고개를 들고 가슴을 펴라." "어깨를 펴고 걸어라." "등이 굽지 않게 해라." 우리는 자라면서 부모님께 이런 소리를 많이 들었다. 듣는 사람은 왜 자세처럼 별것 아닌 일로 자꾸 잔소리를 하는지 이해할 수 없지만, 부모님 입장에서는 각별히 신경 쓸 수밖에 없다. 한번 굳은 자세는 바로잡기 어렵기 때문이다.

예전에 자세가 안 좋은 사람(거북목이거나 어깨가 굽었거나 배를 내밀고 있는 사람)과 자세가 좋은 사람(어깨를 펴고 고개를 반듯하게 든 사람)의 사진 100장을 섞어서 사람들에게 보여준 뒤 그들에 대한 이미지를 조사한 실험이 있었다. 그 결과 대부분의 사람이 자세가 나쁜 사람들은 친절하지 않으며 힘이 없고 자신감이 없어 보인다고 답했으며, 호감도도 자세가 좋은 사람들보다 현저히 떨어졌다.

주변 사람 중에 자신감이 넘치는 사람을 떠올려보자. 그 사람을 처음 만나고 얼마 만에 그가 자신감 있는 사람이라는 생각이 들었을까? 아마도 만나자마자 그렇게 느꼈을 것이다. 자신감 없는 사람도 한번 떠올려보자. 이 경우도 역시 한눈에 그렇게 느꼈을 것이다. 왜 그렇게 느꼈을까? 겉모습에서 전해지는 느낌이었을 것이다. 예를 들어 기가 죽은 사람은 고개가 아래를 향하고, 실망한 사람은 어깨가 아래로 처진다. 투지를 잃은 사람은 발걸음이 무겁다. 당신이 이렇게 느끼듯이 다른 사람들도 당신의 평소 자세를 보고 당신을 판단한다.

· · ·
몸 상태는 마음 상태에 영향을 미친다

몸과 마음은 하나다. 마음의 변화에 따라 몸도 변한다. 화가 나면 손에 힘이 들어가고 턱을 팽팽히 당기게 된다. 그때 손과 턱에 힘을 빼보면 신기하게도 화가 누그러진다. 신체의 모든 동작은 우리의 감정 상태와 연결되어 있다. 감정을 영어로 'emotion'이라고 하는 것만 봐도 알 수 있다. 감정은 신체의 'motion', 즉 동작과 연결되어 있기 때문이다. 마찬가지로 신체의 변화는 마음에도 영향을 미친다. 늘 자세가 구부정하면 우울하고 힘이 없는데, 반대로 정신을 바짝 차리고 등을 곧게 펴면 금방 기분이 나아지곤 한다.

조울증 환자들을 대상으로 한 연구에서 과학자들은 그들이 다양한 자세에 따라 겪는 감정의 변화를 카메라에 담아 관찰했다. 그중에는 20년 넘게 약을 먹은 환자도 있었는데 놀랍게도 바른 자세로 곧게 서 있을 때 대부분 우울감을 느끼지 않으며 약을 먹지 않아도 될 정도로 호전되었다. 몸은 눈에 보이는 영혼이며, 영혼은 눈에 보이지 않는 몸이다. 그러므로 기운이 없고 힘이 나지 않을수록 더욱 몸을 똑바로 일으켜 세워야 한다.

. . .

고개를 들지 않고 어떻게 별을 볼 수 있단 말인가?

등산 동호회 사람들이 함께 산에 오르는데 그중 한 명이 요즘 사는 게 너무 힘들다는 둥, 정상까지 왜 이렇게 머냐는 둥 투덜거리며 내내 한숨을 내쉬었다. 그 모습을 지켜보던 다른 회원이 말했다. "당신이 이렇게 비관적인 건 계속 땅만 보며 걷기 때문이에요!"

"고개를 들고 걸으면 절망스럽지 않습니까?" 그는 이렇게 반문하며 고개를 들어 하늘을 봤다.

"지금 고개를 드니 뭐가 보입니까?"

"높은 산이 보이네요."

"그렇죠? 저는 위기나 좌절을 마주할 때마다 이렇게 고개를 들고 제가 가고자 하는 성공을 향해 걸어요."

고개를 들지 않으면 내내 골짜기만 보인다. 고개를 들지 않고 어떻게 별을 볼 수 있단 말인가?

동물의 왕인 사자는 머리와 꼬리를 치켜들고 위풍당당하게 걷는다. 어린 사자가 그 모습을 보고 부러워하며 물었다. "어떻게 하면 저도 그렇게 위풍당당하고 자신감이 넘칠 수 있을까요?"

사자가 대답했다. "자신감은 네 꼬리에 숨어 있단다."

그 말을 듣고 어린 사자는 꽃밭에 가서 반나절 내내 자신의 꼬리를 쫓아다녔다. 해질녘이 다 되어 그는 잔뜩 실망한 채로 사자 왕을 찾아왔다. "어떻게 해도 자신감을 찾을 수가 없어요"

사자 왕이 미소 지으며 어린 사자에게 말했다. "자신감은 그렇게 찾는 게 아니란다. 고개를 들고 가슴을 펴고 용감하게 한 발 한 발 전진해보렴. 그럼 자신감이 자연스럽게 네 뒤를 따를 거야."

어린 사자는 사자 왕의 말을 듣고 고개를 들고 가슴을 편 뒤 한 발 한 발 용감하게 걸어갔다. 그리고 살짝 곁눈질로 보니 자신의 꼬리에 전에 없던 자신감이 피어오르고 있었다.

 철학으로 깨우치기

자신감에 차 있는 사람을 모델로 삼자. 당신이 아는 사람이어도 좋고, 텔레비전이나 영화에서 본 인물이어도 좋다. 그런 뒤 그가 걷는 모습, 서 있는 자세, 앉아 있는 자세, 이 세 가지를 잘 관찰하자. 이제는 똑같이 따라 해보자. 잠깐의 수고로 평생의 선물을 받을 수 있다.

허리가 아프다고 불평하지 말자. 만약 당신이 '바르고 꼿꼿한' 자세를 원한다면, 또는 멋진 사람이 되고 싶다면, 반드시 습관화하여 올바른 자세를 만들어야 한다.

22

잘 듣는 사람이 말도 잘한다

대부분의 사람들이 그렇듯이 나 역시 말을 내뱉자마자 후회하거나 말을 하다가 옆길로 빠질 때가 많다. 듣지는 않고 내이야기만 잔뜩 늘어놓거나 말을 너무 빨리 해서 남들에게 싫은 소리를 들은 적도 많다. 한번은 인후염 때문에 목이 아파서 하고 싶은 말을 못하고 있었는데 친구가 이렇게 말하는 것이다. "와, 달라졌네! 이제야 다른 사람 말을 '들을 줄' 알게 되었구나."

그제야 내가 얼마나 심각한 '투 머치 토커(too much talker)'인지 깨달았다.

고대 그리스 철학자 디오게네스는 이렇게 말했다. "사람의 귀가 두 개이고 입이 하나인 이유는 더 많이 듣고 더 적게 말하라는 뜻이다." 그러나 대다수의 사람에게 '듣는 것'은 '말하는 것'보다 더 어렵다. 나 역시 '듣는 법'을 배우기 시작하면서 비로소 '말하는 법'을 조금씩 깨달아가고 있다.

쉴 새 없이 하는 말은 재미도 없고 따분하다

누구에게나 남을 가르치려는 습성이 있다. 그런데 자기 입에서 나오는 말들은 이미 잘 알고 있는 내용이기에 그 말에서 배울 것은 아무것도 없다. 스스로 배울 것 없는 말을 계속 떠들고 있는 셈이다. 또한 말이 많은 사람일수록 약점이 더 잘 드러난다. 너무 말을 하고 싶어서 입이 근질근질한 사람들이 하는 말은 쓸데없고 이상한 말인 경우가 많다. 그래서 그칠 줄 모르고 계속 말하는 사람의 이야기는 대개 따분하고 재미없다.

어느 부인이 손님을 배웅한 뒤 남편에게 불평했다. "저분은 너무 예의가 없어요! 내가 말하고 있는데 하품을 최소 세 번은 하더라니까요!"

남편이 말했다. "예의 없는 게 아니라 어쩌면 하고 싶은 이야기가 있었는데 끼어들 타이밍을 못 잡은 것일지도 몰라요."

당신도 자기만 계속 이야기하는 것을 좋아하거나 하고 싶은 말과 전해야 할 요구사항이 머릿속에 가득한가? 그렇다면 그럴 때 상대방은 어떻게 해야 하나? 게다가 상대방도 당신처럼 하고 싶은 말이 가득하다면 '대화'는 어떻게 가능할까?

내 말을 아무도 들어주지 않는다면 그 상황이 얼마나 사람을 비참하고 상심하게 만드는지 우리는 잘 안다. 그런데도 내가 남의 이야기를 귀 기울여 들은 적은 몇 번이나 되는가? 나의 이야기에 귀 기울여주기를 바랐지만 그러지 않았던 사람들을 떠올려보자. 대화 중에 시선이 다른 곳에 가 있고, 전혀 관련 없는 말을 하며, 자기가 하고 싶은 말만 열심히 떠들던 사람들을 떠올려보자. 그때 당신은 어떤 기분이었나?

· · ·

아는 것에 대해 이야기하지 말고
모르는 것에 대해 배운다

누구나 자기 자신이 제일 중요하다. 그런데도 남의 말을 열심히 듣고 있다면 그것은 진심으로 그 사람에게 관심이 있다는 뜻이다. 상대방과 상대방의 말이 굉장히 중요해서 귀 기울여 듣고 생각해볼 만한 가치가 있다는 뜻이기도 하다. 즉 상대방의 말을 경청한다는 것은 내가 당신에게 관심이 있고, 당신을 알고 싶고, 당신을 존중하고 있으며, 당신에게서 무엇인가를 배우고 싶어한다는 뜻이다.

인간관계학의 대가인 데일 카네기가 "내가 먼저 상대에게 관심을 가지면 두 달 안에 친구가 될 수 있지만, 다른 사람의 관심을 받으려면 이 년 넘게 걸린다."라고 말한 데에도 다 이유가 있다. 속마음을 입 밖으로 꺼냈을 때 누군가 귀 기울여 들어주고 공감해주면 마음이 편해지고, 아프고 가렵던 부분이 한순간에 사라지는 듯한 느낌이 든다. 진정으로 말을 잘하고 싶다면 먼저 들을 줄 알아야 한다.

하버드대의 한 교수가 학생에게 이런 질문을 받았다. "어떻게 해야 예술적인 대화를 이끌 수 있을까요?"

교수가 대답했다. "학생이 듣는다면, 내가 말하도록 하지."

잠시 침묵의 시간이 흐르고 학생이 말했다. "교수님, 저 지금 듣고 있는데요?"

그러자 교수가 대답했다. "학생은 벌써 배웠네."

당신은 지금 듣고 있는가? 그렇다면 당신 역시 이미 배웠다.

철학으로 깨우치기

어떤 이가 묵자에게 물었다. "정녕 말을 많이 하는 것에는 좋은 점이 아무것도 없습니까?"

묵자가 대답했다. "청개구리와 두꺼비는 온종일 목이 터져라 울어대지만 아무도 그들의 존재에 관심이 없다. 반면에 수탉은 아침마다 시간 맞춰 우는데 사람들은 그 소리를 듣고 해가 떴음을 안다. 이는 말이란 아무리 많이 해도 소용이 없고 해야 할 때 해야 함을 보여준다."

플라톤도 이렇게 말했다. "총명한 사람은 해야 할 말이 있어서 말을 하지만, 우둔한 사람은 하고 싶은 말이 있어서 말을 한다."

앞으로 입을 열어 말을 해야 하는 순간에는 다음의 다섯 가지에 주의하자.

1. 급하게 말하지 말자. 그래야 우둔한 말을 하지 않게 된다.

2. 과시하지 말자. 그래야 상대가 시기하지 않는다.

3. 함부로 다짐하지 말자. 그래야 신임을 잃지 않는다.

4. 과장하지 말자. 그래야 비호감이 되지 않는다.

5. 모든 것을 다 안다고 생각하지 말자. 그래야 모르는 것을 배울 수 있다.

23

마음을 비우다

이 세상에 바다보다 크고 넓은 존재가 있을까? 바다는 자신을 낮춰 강 하류의 물을 끊임없이 받아내지만 그럼에도 가득 채워지지 않는다. 사람도 마찬가지다. 겸허함을 아는 사람만이 성장한다. 자만하기 시작하면 앞으로 나아가기 힘들다. 뚜껑이 꽉 닫혀 있는 병에는 아무리 노력해도 물을 채울 수 없다.

· · ·

비워야 채울 수 있다

한 젊은이가 한참을 이리저리 떠돌아다니다가 어느 절에 다다랐다. 그는 근심 가득한 얼굴로 주지 스님에게 고민을 털어놓았다. "제대로 그림을 배우고 싶은데 아직까지 만족스러운 스승을 만나지 못했습니다."

주지 스님이 미소 지으며 말했다. "동으로 서로 십수 년을 돌아다녔는데도 만족할 만한 스승을 못 만났다는 말이로군요?"

젊은이는 깊은 한숨을 내쉬며 대답했다. "유명한 분들도 만나봤지만 실제 작품을 보니 저보다도 못하더군요."

주지 스님은 담담하게 미소 지으며 말했다. "시주의 그림 실력이 유명 화가보다 뛰어나다니, 이 노승에게도 한 장 그려줄 수 있겠습니까? 기념으로 보관하게요."

주지 스님은 사미승에게 벼루와 먹, 붓 그리고 종이를 가져오도록 했다. 그런 다음 말했다. "찻주전자와 찻잔을 그려줄 수 있겠습니까?"

젊은이는 바로 붓을 들며 자신만만한 목소리로 말했다. "그거야 아주 쉽죠!"

붓질 몇 번 만에 기울어진 주전자와 우아한 찻잔이 완성됐다. 주전자의 주둥이가 내뿜는 물 한 줄기가 찻잔에 막 떨어지는 그림이었다.

"그림이 마음에 드십니까?"

젊은이가 묻자 주지 스님은 살며시 미소를 지으며 고개를 저었다. "정말로 그림을 잘 그리는군요. 그런데 주전자와 찻잔의 위치가 바뀐 것 같네요? 찻잔이 위에 있고 주전자가 아래에 있어야지요."

이 말을 듣고 젊은이가 웃었다. "스님께서 착각하신 모양입니다. 찻잔이 위에 있고 주전자가 아래에 있는 경우가 어디에 있단 말입니까?"

주지 스님은 여전히 미소를 지은 채 말했다. "시주도 알고 계시군요. 시주의 찻잔에 회화 고수의 차가 담기기를 바라면서 어찌하여 자신의 찻잔을 그 주전자들보다 높이 두시는 건가요? 그래서야 고수의 차가 찻잔에 담기겠습니까?"

젊은이는 한참 생각에 잠기더니 드디어 깨달음을 얻었다.

・ ・ ・

고개를 숙여야 머리를 부딪치지 않는다

교육계에 오랜 기간 몸담으며 알게 된 사실이 하나 있는데, 겸손한 학생은 자신이 부족하다고 여기며 더 열심히 탐구하고 필사적으로 노력한다는 점이다. 따라서 당연히 자만하는 학생보다 성적이 좋다. 반면에 자신의 실력을 과신하는 학생은 대개 시험을 망친다. 다른 친구들을 얕잡아본 것이 원인이다.

영국의 소설가 서머싯 몸은 "평범한 사람이 오히려 만족스러운 결과를 얻는다."고 했다.

자만하고 태만하여 완전히 실패한 사례는 셀 수 없이 많다. 많은 사람들이 조금만 성과가 좋으면 자기도 모르게 자만하고 거만해진다. 하지만 더 이상 배울 게 없다고 느낄 때가 바로 배움이 시작되는 순간이다.

미국의 정치가이자 과학자인 벤저민 프랭클린이 젊은 시절에 한 선배를 찾아갔다가 대문이 너무 낮아서 들어가며 머리를 부딪치고 말았다. 얼마나 아픈지 자기도 모르게 외마디 비명이 나왔다.

그러자 선배가 말했다. "아프지? 괜찮아. 오늘 자네가 여기서 얻은 최고의 수확이니까!"

프랭클린의 머리를 문질러주며 선배가 말을 이어갔다. "그러니까 고개를 숙여야 머리를 부딪치지 않는 법이야!"

프랭클린은 이 말을 가슴에 깊이 새겼다. 그 후로는 늘 겸손하고 예의 바른 모습으로 사람들을 대했고, 결국 유명한 정치가가 되었다.

벼는 익을수록 고개를 숙인다. 속 빈 쭉정이가 바람에 나부끼며 거들먹거리는 법이다.

철학으로 깨우치기

"잘난 체하지 않으면 남이 당신을 인정하고, 과시하지 않으면 남이 당신을 치켜세우며, 당신의 눈에 당신을 담지 않으면 남의 눈에 당신이 담기고, 공적을 자랑하지 않으면 남이 당신을 칭찬하며, 재능을 과시하지 않으면 남이 당신을 존경한다."

노자의 이 말처럼 겸손하게 자세를 낮추면 다른 사람이 당신을 치켜세울 것이다. 이것이 바로 인간관계의 비결이다. 겸손하게 자세를 낮추면 다른 사람의 지혜가 당신에게 흘러들어올 것이다. 이것이 바로 배움의 비결이다.

24

당연한 베풂은 없다

만약 당신이 누군가에게 늘 관심을 두고 친절하게 대하는데 그가 전혀 반응을 보이지 않는다면 기분이 어떨까? 만약 당신이 누군가에게 옷과 음식, 따뜻하게 지낼 장소를 제공해주었는데 고맙다는 말 한마디 못 듣는다면 기분이 어떨까? 아마도 기분이 별로 좋지 않을 것이다. 그 사람에게 다시는 친절을 베풀지 않을 수도 있다. 간단한 인사 한 마디조차 할 줄 모르는 사람이라면 그런 대접을 받을 가치가 없다고 생각할지도 모른다.

그런데 부모와 자식 간의 관계에서는 이야기가 달라진다. 자식은 부모가 자신을 위해 해주는 모든 것에 고마워하기는커녕 때로는 까다롭게 굴기까지 한다. 왜 그럴까? 부모가 자식한테 해주는 걸 당연하다고 생각하기 때문이다. 문제는 여기에 있다.

부모님이 가족을 위해 일을 하고 돈을 버는 것을 당연한 일이라고 생각하기에 감사하다는 말을 굳이 하지 않는다. 부모님이 가족을 위해 집안일을 하는 것을 당연한 일이라고 생각하기에 먼저 나서서 도 와드릴 생각을 하지 않는다. 부모님이 자식을 보살피는 것을 당연한 일이라고 생각하기에 감사할 줄 모르고 도리어 큰소리를 친다.

· · ·

꽃향기도 오래 맡으면 싫증이 난다

어느 여대생이 엄마와 크게 다투고는 다시는 이 지긋지긋한 집에 돌아오지 않겠다며 문을 박차고 뛰쳐나갔다. 종일 아무것도 못 먹 고 거리를 배회한 그녀는 배에서 꼬르륵 소리가 날 정도로 허기졌 지만, 수중에 돈도 없었고 그렇다고 집에 다시 들어가고 싶지도 않 았다. 그렇게 저녁까지 버티고 있었는데 포장마차 앞을 지나가게 되었다. 침샘을 자극하는 맛있는 냄새에 침만 삼키고 있는데 포장 마차 주인이 그녀에게 말을 걸어왔다. "국수 드시겠어요?"

그녀는 민망해하며 대답했다. "제가 돈을 안 갖고 나와서요……."

그녀의 말에 포장마차 주인이 웃으며 말했다. "하하, 괜찮아요. 오늘은 내가 손님께 한 그릇 대접하지요!"

그녀는 자신이 제대로 들은 건가 싶었다. 눈앞에 놓인 국수를 보 자 감동해서 말했다. "아저씨는 정말 좋은 분이네요!"

영문을 모르겠다는 포장마차 주인에게 그녀가 말했다. "전혀 모 르는 사이인데도 저에게 이렇게 잘해주시니까요. 엄마와는 완전 달라요. 엄마는 제가 뭘 원하는지, 제가 무슨 생각을 하는지 전혀 모른다니까요! 너무 화가 나요!"

그러자 사장이 웃으며 말했다. "하하! 국수 한 그릇 대접하는 나에게 이렇게 감격할 게 아니라, 이십 년 넘게 밥해주신 엄마에게 감사해야 하는 거 아닌가요?"

그 말에 그녀는 정신이 번쩍 들었다. 순간 눈물이 고였다. 국수가 반이나 남았지만 그녀는 곧바로 집으로 달려갔다. 집 앞 골목에 다다르니 멀리 대문 앞에서 초조해하며 주변을 두리번거리는 엄마의 모습이 보였다. 바로 엄마를 끌어안고 미안하다고 말하고 싶었지만, 엄마가 먼저 달려와 그녀를 얼싸안았다. "대체 온종일 어디를 다녀온 거야? 얼마나 놀랐는데! 어서 들어가서 손 씻고 밥 먹자!"

그날 저녁, 그녀는 엄마의 사랑이 얼마나 깊은지 깨달았다.

· · ·

묵묵히 빛을 내는 가로등 덕분에 우리는 밤의 어둠을 모른다

우리는 가족보다 남에게 친절하고 상냥할 때가 많다. 친구가 관심을 보이면 고맙게 생각하면서 가족이 관심을 보이면 간섭이 심하다고 여긴다. 누가 밥을 한 끼 사주거나 작은 도움만 줘도 크게 감동하면서, 곁에서 가장 많은 것을 해주는 사람에게는 관심조차 없다.

〈가로등〉이라는 산문에 이런 구절이 있다.

'늦은 밤, 집으로 돌아가는 길에 늘 지나치는 그 가로등. 그러나 그저 지나칠 뿐, 이 가로등이 지금 가는 길을 밝게 비춰주고 있다는 사실은 생각해본 적이 없다. 늘 그곳에 있기에 그의 존재는 너무나 당연하다. 이제야 문득 깨닫는다. 내가 돌아가는 길을 묵묵히 비춰주는 이 가로등 덕분에 나는 밤의 어둠을 잊고 걸었구나.'

당신 주변에도 이런 존재가 있는지 한번 생각해보자. 늘 당신을 위해 많은 것을 내놓지만 당신은 고마운 마음을 한 번도 전한 적이 없다. 우리는 상대방이 이 세상을 떠난 뒤에야 하지 못한 말이 너무 많음을 깨닫는다. 결국 고마운 마음을 전하지 못한 채 가슴에 묻어두고 만다. 그러니, 당신은 왜 지금 말하지 않는가?

철학으로 깨우치기

가까운 이에게 고마움을 표현하지 못하는 이유는 여러 가지가 있다. 학생들에게 물어보니 대부분 이런 핑계였다.

"그분들도 제 마음을 분명히 알 거예요. 그걸 굳이 말로 해야 하나요?"

"저도 표현하고 싶긴 한데 민망해서 못하겠어요."

더 심각한 건 이거다. "가까운 사이에 뭘 그런 걸 말해요?"

하지만 남에게 인정받고 고맙다는 인사를 받으면 기분이 어떠냐는 질문에는 대부분 굉장히 기분이 좋다고 답했다. 맞다. 누구나 남에게 인정받고 싶어한다. 당신도 분명히 그럴 것이다. 특히 부모, 배우자, 친구, 직장 상사로부터 인정받고 싶어한다. 북은 두드리지 않으면 소리가 나지 않는다. 당신이 표현하지 않는데, 당신의 마음을 누가 알아줄까?

실패를 해서 안타까운 것이 아니라,
원래 성공할 수 있었던 사람이기에 안타까운 것이다.
실력이 있는 데다 자신이 뛰어난 것을 아는 사람 중에
근성이 부족한 사람이 많다. 어떤 일이든 꾸준히 해나가는
시간이 필요한데, 이런 사람들은 늘 빨리 끝낼 수 있다 보니
착실하게 앉아서 꾸준히 하는 연습이 안 되어 있다.
그래서 중도에 그만두는 경우도 많다.
시간을 들여 성실히 한 단계씩 밟아오지 않았기에 기초가
탄탄하지 않고, 그러니 성과에 한계가 있을 수밖에 없다.

PART 5

당신의 태도

25

소망으로 욕망을 잠재우다

사람의 욕구는 '소망'과 '욕망', 이 두 가지로 나뉜다. 꿈을 갖고 희망을 갖는 것, 이를테면 좋은 대학에 들어가고 싶고, 날씬해지고 싶고, 집을 사고 싶고, 성공하고 싶은 것처럼 무엇을 '얻고 싶은' 마음은 소망이다. 반면 무엇을 '하고 싶은' 마음은 욕망이다. 물건을 사고 싶고, 잠을 자고 싶고, 빈둥거리고 싶고, 먹고 놀고 싶은 마음이 그렇다.

소망을 이루고 싶으면 의지가 욕망보다 강해야만 한다. 돈을 모아서 집을 사고 싶은 사람이 자꾸 꼭 필요하지도 않은 물건을 충동적으로 구매하면 집을 사는 소망은 기약 없이 미뤄진다. 날씬해지고 싶은 사람이 맛있는 음식 앞에서 자제력을 잃으면 아무리 운동을 열심히 해도 날씬해지기는 힘들 것이다. 좋은 대학에 합격하고 싶은 사람이 매일 노는 것에만 열중하고 나태하다면 그 소망은 실현되기 어렵다.

. . .

당신도 욕망의 포로인가?

어렸을 때 나는 몸이 아프면 학교에 가지 않고 온종일 침대에서 빈둥거렸다. 그런데 누나는 아파도 공부를 했다. 당시 나는 누나의 머리가 어떻게 된 게 아닌지 진심으로 궁금했다. 공식적으로 빈둥거릴 수 있는 절호의 기회인데 대체 왜 바보처럼 책상에 앉아 공부를 하고 있단 말인가? 누나는 몇 년 뒤에 명문대에 당당하게 합격함으로써 결코 바보가 아니었음을 증명했다.

당신도 혹시 대다수의 사람들처럼 이런 고민을 할까? 해야 할 공부나 일이 있는데 자꾸 스마트폰만 쳐다보고, 친구의 연락이 오면 할 일을 미뤄두고 나간다. 책을 읽는 동안 자꾸 다른 생각이 들고, 집중이 안 되니 아무리 오래 읽어도 내용이 머리에 들어오지 않는다. 목표를 세워도 매번 중간에 흐지부지된다. 분명히 더 잘할 수 있음을 아는데 노력하고 싶지 않다.

스스로 다짐을 어긴 적은 얼마나 많은가? 꾸물대다가 막판에 이르러서야 시작한 바람에 극심한 스트레스를 받고 히스테리를 부린 적은 얼마나 많은가? 어떤 말, 어떤 행동을 절대 하지 말자고 다짐해놓고 지키지 못해서 그냥 포기한 적은 얼마나 많은가? 이렇듯 당신도 욕망의 포로인가?

해야 할 일을 해놓아야
하고 싶은 일을 할 수 있다

소망을 이루고 싶다면 자신을 컨트롤할 수 있어야 한다. 작가를 예로 들어보자. 글 쓰는 일에는 굉장한 자아 통제가 필요하다. 매일 같은 리듬을 유지해야 하고, 아침에 일어난 순간부터 머리를 쥐어짜며 고민에 고민을 거듭해야 한다. 집중력이 부족한 사람은 절대로 글을 쓸 수 없다. 글 쓰는 일뿐 아니라 이 세상의 모든 일이 그렇다. 성공이란 늘, 끊임없이, 열심히 정신력으로 싸워서 이뤄내는 결과물이다.

국립 타이완대학에 학교장 추천으로 합격했을 뿐만 아니라 상과대 4개 과에 한꺼번에 합격한 학생에게 기자가 그 비결을 물었다. 최고의 자산관리 전문가가 되는 것이 목표인 그는 면접을 앞두고 한 달 동안 집보다 도서관에서 더 많은 시간을 보냈다. 최근 1년 치의 경제 신문과 잡지를 모두 읽으며 필사는 물론이고 주요 기사를 통째로 암기해서 재경 트렌드를 머릿속에 집어넣었다. 그렇게 교수 면접을 준비했다고 한다.

인생에서 거저 얻는 것은 없다. 때로는 자신을 통제하며 하고 싶지 않은 일도 해야 한다. 그렇게 해서 할 일을 해놓아야 하고 싶은 일을 할 수 있다.

"날짐승보다 지혜가 뛰어난 사람이 날짐승을 사냥하고, 산짐승보다 지혜가 뛰어난 사람이 산짐승을 사냥할 수 있다. 남보다 지혜가 뛰어난 사람이 남을 다스린다."라는 옛말이 있다.

자기 자신을 정복한다는 것은 자신을 넘어선다는 뜻이다. 자기 자신도 넘어섰는데 이 세상에 넘어서지 못할 게 뭐가 있겠는가!

이제 당신의 소망을 종이에 적어보자. 적어놓은 소망이 아침마다 목표를 상기시킬 것이고, 그 결심이 당신을 움직이게 할 것이며, 자신을 통제하는 힘이 모든 것을 끝까지 해내게 할 것이다.

간절히 원하는 소망으로 욕망을 눌러버리자.

26

시간을 들이는 곳에 성공이 있다

삶이 소중한 이유는 한번 지나간 시간이 다시 돌아오지 않기 때문이다. 중국의 저명한 현대 산문가 주쯔칭의 산문 〈총총(匆匆)〉에 이런 구절이 있다.

"손을 씻으면 세월이 세면대 안으로 사라지고, 밥을 먹으면 세월이 밥그릇 안으로 사라진다. 그래서 아무것도 안 하고 아무 말도 안 하고 있으니 세월이 조용히 내 두 눈 앞에서 사라진다. 세월이 너무 빠르게 가는 것 같아서 손을 뻗어 잡아보려 해도, 잡히지 않는 세월은 손을 빠져나가 천천히 사라진다……."

• • •

시간은 생명과 같기에 소중히 여겨야 한다

무기징역을 선고받은 사람이 평생 갇혀 살 감옥에 단 하나의 저수탱크만 있다고 가정해보자. 그는 저수탱크에 물이 얼마나 있는지 모른다. (아마 많지는 않을 것이다.) 규정상 그는 저수탱크의 물만 마실 수 있으며 물이 다 떨어져도 더 이상의 보충은 없다. 이 사람은 매번 물을 마실 때마다 어떤 기분이 들까? 갈증이 날 때마다 물을 충분히 마실 수 있을까?

사실 우리는 모두 '시간'이라고 부르는 저수탱크를 하나씩 갖고 있다. 자신에게 시간이 얼마나 남았는지 아는 사람은 없다. 더욱 무서운 것은 그런데도 모두 시간을 흥청망청 쓰고 있다는 사실이다. 젊을수록 더욱 그렇다. 아직 시간이 많이 남았다고 여기다가 오 년, 십 년이 지난 뒤에 아무것도 이룬 게 없어서 불안해지기 시작하면 그제야 후회를 한다.

입사 동기인 샤오리와 샤오장은 매일 똑같은 24시간을 쓰지만 시간을 쓰는 방식은 완전히 달랐다. 샤오리는 말재주가 좋고 총명하며 아이디어가 많았지만 시간이 나면 친구를 만나서 놀기만 하고 별다른 일을 하지 않았다. 반면에 샤오장은 틈만 나면 책을 읽고 궁금한 게 생기면 선배들에게 자문하곤 했다. 몇 년 뒤 샤오장은 석사 학위를 취득하고 부서장으로 승진도 했다. 샤오리는 어떻게 되었을까? 나이를 더 먹은 것 말고는 아무 변화도 일어나지 않았다.

가치 있게 쓰는 시간은 보석과 같고,
가치를 모르고 보내는 시간은 흘러가는 물과 같다

시간을 들인 곳에서 우리는 무언가를 수확한다. 매일 한 시간씩 독서를 해서 일주일에 한 권씩 책을 읽으면 일 년이면 52권을 읽게 된다. 여기서 얻은 지식은 당신을 차별화된 사람으로 만들고 최고의 자리에 올려줄 것이다. 똑같은 한 시간 동안 우리는 바다의 진흙을 볼 수도 있고 하늘의 별을 볼 수도 있다. 빠르게 지나간 시간을 원망하고 후회하며 보낼 수도 있고, 시간을 잘 활용하여 더 멋진 미래를 만들어낼 수도 있다.

어떻게 보면 인생은 참 단순하다. 한 시간이 모여 전체 인생을 만들기 때문이다. 그 '한 시간'을 다른 사람보다 의미 있게 보내면 인생도 다른 사람보다 풍요로워진다.

아직 해가 뜨지 않은 이른 아침에 어부가 강가에 막 도착했는데 무엇인가 발에 밟히는 게 있어서 보니 작은 돌들이 들어 있는 봉지였다. 그는 봉지를 집어서 옆에 내려놓고 강가에 앉아 해가 뜨기를 기다렸다. 잠시 후 그는 아무 생각 없이 봉지 속 돌을 하나 꺼내어 물속으로 던졌다. 해가 뜨기 전이라서 아직 딱히 할 일이 없었으므로 그는 계속해서 돌을 물속에 던졌다.

천천히 태양이 떠오르며 대지에 빛을 드리우기 시작했다. 이제 그의 손에는 마지막 돌이 들려 있었다. 무심코 돌을 든 손을 내려다

본 순간, 심장이 쿵 내려앉는 것 같았다. 그건 돌이 아니라 보석이었다. 어둠 속에서 보석 한 봉지를 죄다 물속에 던져버린 것이다. 대체 얼마를 잃은 것인가! 그는 비통한 마음에 눈물까지 흘리며 자신에게 욕을 했다. 완전히 이성을 잃은 것 같았다. 그런데 또 달리 생각하면 그래도 그는 나름대로 운이 좋았다. 어쨌든 보석 한 개를 얻지 않았나!

마지막 남은 그 보석처럼 우리도 남은 인생의 시간을 귀하게 여길 수 있을까? 마지막 남은 보석 하나를 바라보며 후회하지 말고 보석 같은 현재를 소중히 보내자.

철학으로 깨우치기

매일 꼭 해야 할 일 중에는 시간 맞춰 해야 할 일도 있고 중요한 일도 있다. 시간을 잘 활용하기 위해서는 먼저 꼭 해야 할 일을 시간 맞춰 해야할 일과 중요한 일로 구분해야 한다. 친구에게 전화하기로 한 약속은 시간 맞춰 해야 할 일이고, 과제 수행은 중요한 일이다. 텔레비전 드라마를 보는 것은 시간 맞춰 해야 할 일이고, 업무를 마무리 짓는 것은 중요한 일이다. 약속 시간을 지키는 것은 시간 맞춰 해야 할 일이고, 안전하게 도착하는 건 중요한 일이다. 마감 날짜를 지키는 것은 시간 맞춰 해야 할 일이고, 업무의 완성도를 높이는 것은 중요한 일이다.

중요한 일이 무엇인지 파악한 뒤, 목표와 우선순위를 정하면 시간 맞춰 해야 할 일 때문에 중요한 일을 놓치지 않을 것이다.

27

하늘과 땅은 한 끗 차이다

꼼꼼하지 못하고 뭐든 대충 하는 학생들에게 주의를 주면 대부분 이런 반응을 보인다.

"그냥 대강 하면 되죠."

"그렇게 하나 저렇게 하나 별로 차이도 안 나는데 뭐 어때요?"

하지만 늘 그 작은 차이가 승패를 가르고, 그 작은 차이로 문제가 생긴다.

글쓰기 과제에서 '조상님들'이라고 써야 할 것을 '조상놈들'이라고 쓴 바람에 아버지께 혼나거나, 기차가 8시 15분에 출발하는데 16분에 도착한 바람에 1분 차이로 기차를 놓치기도 한다. 대학 입학시험의 합격 최저점이 325점인데 324점을 받아서 단 1점 차이로 불합격하는 학생도 많다.

타이완 국립 중앙대학교 인지신경과학연구소장인 홍란 교수가 이런 이야기를 한 적이 있다. 초등학교 때 나란히 앉았던 두 친구가 있었는데 우열을 가리지 못할 정도로 학업 성적이 비슷했다. 그런데 대학 입학시험에서 단 1점 차이로 한 사람은 합격하여 계속 학업을 이어갔고 다른 한 사람은 불합격하여 대학을 포기하고 견습공이 되었다. 40년이 흐른 뒤에 보니 한 사람은 미국에서 학자로 지내다가 귀국하여 학생들을 가르치고 있었고, 다른 한 사람은 그 분야의 장인이 되었지만 작업 환경에서의 소음으로 청각을 잃은 상태였다. 단 1점 차이였지만 두 사람의 삶은 완전히 달라졌다.

· · ·

세상에서 가장 큰 숫자 '단 1점'

아이가 중간고사를 치른 뒤 성적표에 서명을 받기 위해 아빠께 보여드렸다. 아빠는 아이가 받은 59점이 재시험 기준인 60점에는 못 미쳤지만 1점이 부족한 정도면 괜찮다는 생각으로 가볍게 서명을 한 뒤 아내에게 넘겼다. 그런데 엄마는 화가 난 얼굴로 아들을 불렀다.

"쉬운 단어들을 모두 틀렸잖아? 너 이렇게 대충 할 거야?"

"문제가 너무 많아서 시간이 부족했어요." 아이가 히죽거리며 대답했다.

옆에 있던 딸도 별일 아니라는 듯이 거들었다. "괜찮아요. 겨우 1점 부족한 건데요, 뭐!"

엄마가 정색하며 말했다. "겨우 1점? 너희 아빠가 대학 입학시험 치를 때, 1점만 부족했어도 불합격이었어. 그 대학에 못 갔으면 나와 같은 반이 안 됐겠지. 나와 같은 반이 안 됐으면 나를 만날 일이 없었겠지. 나를 못 만났으면 우리는 결혼하지 못했겠지. 우리가 결혼하지 못했으면 지금 이 세상에 너희 둘은 없는 거야!"

엄마의 말에 아들과 딸은 당황스러운 표정이 되고 말았다. '겨우 1점'이 이렇게 중요한 일일 줄이야!

· · ·

어떤 일이든 대충 해서는 안 된다

송나라에 한 화가가 있었는데 그림을 대충 그리는 편이어서 다른 사람들은 대체 그가 무엇을 그린 것인지 알아보지 못했다.

어느 날 호랑이 머리를 막 완성했는데 손님이 찾아와 말을 그려달라고 했다. 그는 그려놓은 호랑이 머리 뒤에 말의 몸통을 대충 그렸다. 이게 말인지 호랑이인지 묻는 손님에게 그가 대답했다. "말(馬)과 호랑이(虎)요!"

손님은 기가 차서 필요 없다며 가버렸고 화가는 그 그림을 대청마루에 걸어두었다. 큰아들이 보더니 무슨 그림이냐고 묻기에 그는 호랑이라고 대충 대답했다. 작은아들도 묻기에 이번에는 말이라고 또 대충 대답했다.

얼마 뒤 큰아들이 사냥을 나갔다가 다른 사람의 말을 보고 호랑이인 줄 알고 화살로 쏘아 죽였다. 화가는 말 주인에게 크게 배상을 해줘야 했다. 또 작은아들은 밖에서 호랑이와 마주쳤는데 말인 줄 알고 타보고 싶은 마음에 가까이 갔다가 호랑이에게 물려 죽었다.

이것이 '대충 하다, 그저 그렇다, 이도 저도 아니다'라는 뜻의 관용어, '마마호호(馬馬虎虎)'의 유래다. 이 이야기는 우리에게 어떤 일이든 대충 해서는 안 된다는 깨달음을 준다.

철학으로 깨우치기

경주마는 딱 코 길이만큼 앞서서 승리하기도 하고, 육상 선수는 단 한 걸음 차이로 우승을 놓치기도 한다. 수영 경기에서 1등과 2등은 겨우 영 점 몇 초 차이로 갈리고, 농구 경기에서는 경기 종료 휘슬이 울리는 것과 동시에 골이 들어가 승패가 역전되기도 한다.

이 세상의 모든 격차는 언제나 한 끗 차이다. 한 분야에서 사람들의 능력은 엇비슷하지만 늘 미세한 차이가 큰 격차를 만든다. 실패한 사람은 그저 아주 조금 부족했을 뿐이며, 성공한 사람은 그저 아주 조금 더 나았을 뿐이다. 범접할 수 없는 최고 수준에 있는 극소수의 사람만이 큰 차이를 갖는다.

작은 일이 큰일을 만들고 사소한 부분이 완벽한 결과를 만든다. 그러므로 '겨우 그 정도' 때문에 더 나은 결과를 포기하지 말자.

28

모든 것은 기본에서 시작한다

옛날에 장씨 성을 가진 부자가 있었는데 이웃 이씨가 저택을 짓는 것을 보고는 건축업자를 찾아가 자기 집도 지어달라고 요구했다. 건축업자가 설계를 하여 장씨에게 보여주자 그가 버럭 화를 냈다. "뭘 잘못 알고 있는 거 아니오? 나는 이씨 집처럼 거대한 저택을 지으려는 거요. 땅 밑에 있는 이런 건 필요 없소!"

건축업자가 설명했다. "지하의 이 부분은 보이지는 않으나 건물의 기초가 되므로 이 부분을 시공하지 않으면 건물을 올릴 수 없습니다."

장씨는 그래도 막무가내로 우겼다. "상관없소! 나는 사람들에게 나한테도 이런 저택이 있다는 걸 보여주면 그만이오. 당신은 어서 집을 하나 지어 올리시오. 나는 땅 위에 있는 건물 비용만 지불할 거요!"

결국 건축업자는 고개를 저으며 자리를 떴다.

여러분 생각에는 장씨의 요구가 실현 가능할 것 같은가?

음악이나 미술에 재능이 있는 사람들이 좋은 스승을 찾아 레슨을 받는 이유는 뭘까? 기초를 탄탄히 쌓아 자신의 부족한 점을 고치고 새로운 것을 배우기 위해서다. 부모들이 어린아이들을 영어 유치원에 보내는 것도 이런 이유 때문이다. 돈이 많아서도 아니고, 아이를 괴롭히고 싶어서도 아니다. 그저 아이가 기초를 잘 다질 수 있도록 어릴 때 최적의 외국어 교육 환경을 만들어주려는 것이다.

얼마 전, 동료 딸의 피아노 연주회에 갔었다. 열몇 살밖에 안 된 어린 학생이 수많은 관중 앞에서 그토록 아름다운 연주를 해내다니…… 연주가 끝나자 관중들은 그녀의 아름다운 선율에 박수갈채로 보답했다. 그녀의 이런 성과가 한순간에 이루어졌을까? 아니다. 하늘에서 뚝 떨어진 성과가 아니다. 그녀는 매일 피아노 앞에 앉아 3시간 넘게 연습했고, 이것을 10년 동안 하루도 빠짐없이 해왔다. 놀고 싶은 마음, 텔레비전을 보고 싶은 마음을 이겨냈기에 그렇게 기초를 다지고 실력을 키울 수 있었다.

기초 공사 없이 건물을 지어 올릴 수 없듯이 모든 일에는 반드시 밟아야 하는 단계가 있다. 갈팡질팡하며 급하게 서두르기만 해서는 절대로 안 된다. 콩나물을 기르는데 오늘 콩을 불려서 내일 발아시키고 모레 수확하기란 불가능하다. 봄에 아무것도 심지 않았는데 가을에 열심히 밭일을 했다고 풍작을 이룰 수는 없다.

동진 시대의 시인인 도연명이 관직에서 물러나 고향으로 내려가 농사를 지으며 지낼 때였다. 하루는 시 공부를 하는 이웃 청년이 찾아와 공손하게 가르침을 청했다. "선생님께서는 학식이 넓으신데, 공부하는 데 묘책이 있으시다면 지도편달 부탁드립니다."

청년의 말에 도연명은 웃음을 터뜨렸다. "이 세상에 공부하는 데 묘책이란 것도 있소? 황당하구려."

이해하지 못한 듯한 청년의 표정을 보고 도연명은 집 앞 논에 있는 모를 가리키며 말했다. "지금 저 볏모 앞에 앉아서 볏모가 자라고 있는지 살펴보시오."

청년이 한참을 바라보다가 돌아와서 말했다. "자라고 있는 것은 안 보이는데요!"

"정말이오? 그렇다면 봄에 심은 새싹이 어떻게 지금처럼 이만큼 컸을까?"

청년은 여전히 고개만 갸웃거렸다. 도연명이 다시 말했다. "이 볏모는 늘 자라는 중이오. 짧은 시간 동안 관찰해서는 그게 보이지 않을 뿐이오. 공부 역시 조금씩 축적되어 이루는 성과이기에 때로는 자기 자신도 못 느끼지. 공부에 지름길은 없다오."

예전에 가르쳤던 여학생이 300쪽 분량의 논문을 완성해서 박사 학위를 취득했다. 결코 쉽지 않은 여정이었다. 누군가 어떻게 해냈

냐고 묻자 그녀가 대답했다. "한 번에 한 글자씩 썼지요!"

중요한 과제를 완성하는 가장 효과적인 방법은 조금씩 해나가는 것이다. 책을 쓰는 일도 막연하게 생각하면 너무 어려운 일이지만, 주말을 빼고 매일 한 쪽씩만 써도 1년이면 260쪽 분량의 책 한 권을 쓸 수 있다.

철학으로 깨우치기

미국의 어느 작가가 쓴 다소 유머러스한 글귀다. "신이시여, 제게 인내심을 주소서. 그것도 지금 당장 필요하나이다."

근성 부족은 대부분의 사람들이 가진 고질병이다. 실력이 있는 데다 자신이 뛰어난 것을 아는 사람들 중에 근성이 부족한 사람이 많다. 어떤 일이든 꾸준히 해나가는 과정이 필요한데, 이런 사람들은 늘 빨리 끝낼 수 있다 보니 착실하게 앉아서 꾸준히 하는 연습이 안 되어 있다. 그래서 중도에 그만두는 경우도 많다.

시간을 들여 성실히 한 단계씩 밟아오지 않았기에 기초가 탄탄하지 않고, 그렇다 보니 성과에 한계가 있을 수밖에 없다.

젊을 때 많이 놀아두어야 인생이 다채로워진다고 주장하는 사람들이 있다. 하지만 나는 인생의 물감을 일찍부터 헤프게 써버리면 남은 인생은 흑백이 될 수밖에 없다고 생각한다.

29

명확한 목표를 세워서
열정에 불을 붙이자

누구나 좋아하는 분야에 대한 이야기가 나오면 신이 나서 흥분한다. 어른이나 아이나 마찬가지다. 또 좋아하는 일을 할 때는 집중이 잘된다. 낚시하러 간 사람이 열몇 시간을 앉아서 기다리는데도 지루하지 않은 이유가 무엇일까? 낚시를 좋아하기에 그 자체로 즐겁기 때문이다. 탐조 활동을 즐기거나 일출 보는 것을 좋아하는 사람은 몇 시간을 허공만 바라보고 있어도 지루하기는커녕 기다림 자체에서 즐거움을 느낀다.

그런데 좋아하지 않는 일을 할 때는 다르다. 흥미도 떨어지고 지루하기만 하다. 근무중이나 수업중에 자꾸 하품이 나고, 늦었는데도 잠자리에서 일어나지 못한다. 겨우 조금 해놓고서 금방 지치기도 한다.

영국의 저명한 정신의학자 해드필드는 연구를 통해 이런 사실을 발견했다. "우리가 느끼는 피로의 대부분은 심리적 요인에서 기인한다. 순전히 신체적인 원인 때문에 생기는 피로는 매우 드물다."

목표나 동기가 없는 상태에서 재미없는 일을 억지로 하며 그저 열심히 하는 것에서 가치를 찾으려 하니 결국 무기력해지는 것이다.

· · ·

인생을 대하는 태도가 어떤 인생을 살게 될지 결정한다

18살에 성공하겠다는 일념 하나로 돈 한 푼 없이 미국으로 건너가서 30살에 백만장자가 된 앤드류 우드는 이런 이야기를 한 적이 있다.

한 아이가 샌프란시스코 해변의 언덕에서 용접 일을 하는 사람들을 넋을 잃고 바라보고 있었다. 아이는 호기심 가득한 얼굴로 천진난만하게 대형 철근을 용접하고 있는 사람들에게 다가가서 물었다. "지금 뭘 하는 거예요?"

첫 번째 용접공이 피곤한 얼굴로 귀찮다는 듯이 대답했다. "보면 모르냐? 밥 벌어 먹고 살려고 이러고 있잖아."

아이가 두 번째 용접공에게 가서 같은 질문을 했다. 그는 조금 전의 용접공보다 부드럽게 말하긴 했으나 역시 귀찮은 표정이었다. "용접하고 있잖니."

아이는 세 번째 용접공에게 다가갔다. 아이의 물음에 용접공은 하던 일을 멈추고 미소를 지으며 대답했다. "아저씨는 지금 세상에서 가장 아름다운 다리를 만들고 있어."

이 세 사람은 같은 시간에 같은 공간에서 같은 월급을 받으며 일하는 용접공이다. 이들 중 누가 성공하는 삶을 살게 될까? 누가 가장 행복하고 힘차게 살아갈까? 당연히 세 번째 용접공이다. 그는 자신의 삶에 대해 남들과 다른 태도를 지녔기 때문이다.

. . .

성공의 배후에는 열정이 있다

경기가 안 좋다, 취업이 힘들다, 앞날이 막막하다고 불만인 사람이 많지만 정작 본인의 태도가 문제라고 생각하는 사람은 적다. 여기서 태도란 '현재 하는 일을 어떤 마음가짐으로 대하는가'를 말한다. '무슨 일을 하는가'와는 다른 것이고, 급여와도 다른 문제다.

지금 하는 일을 즐겨야 한다. 매일 열정을 갖고 즐거운 마음으로 일하고 공부해야 한다. 물론 살다 보면 일이 뜻대로 안 되고 어려움을 만나기도 한다. 이때 관건은 당신이 더 나은 인생을 원하는지, 그것을 이루기 위해서 기꺼이 대가를 치를 것인지에 대한 의지다.

만약 자신의 인생에 열정이 부족하다면 어떻게 해야 할까? 그럴 때는 열정이 있는 척해보자. 자신이 매력이 없다고 느껴질 때는 매력이 넘치는 사람처럼 행동하고, 자신감이 부족하다면 자신감이 가득한 사람처럼 행동해보자. 너무 피곤하고 지쳤다면, 혹은 몸이 아프다면, 힘이 넘치고 에너지가 있는 것처럼 행동해보자. '정말인 것처럼' 할 수만 있으면 된다.

명확한 목표를 잡고 열정에 불을 붙이면 어떤 어려움도 극복할 수 있다.

철학으로 깨우치기

경영학의 대가 피터 드러커는 '나의 인생 목표가 무엇인가', '어떻게 하면 이 목표를 이룰 수 있을까'를 수시로 생각해봐야 한다고 했다.

목표 설정의 세 단계를 살펴보자.

첫째, 목표를 명확하게 세운다. 그 목표에 대한 명확한 생각이 있어야 하며, 언제까지 목표를 이룰 것인지도 명확해야 한다. 그리고 목표를 종이에 적어 매일 여러 차례 읽는다.

둘째, 목표를 이루었을 때의 모습을 시각화해본다. 편안하고 차분한 장소에 앉아 가만히 눈을 감는다. 그 목표를 이루면 어떤 모습일지 상상해보자. 어떤 모습일지 그려지는가? 당신 주변 사람들과 사물들은 어떻게 변했는가? 그리고 당신은 어떤 기분이 드는가?

셋째, 목표를 이루기 위해 필요한 행동을 나열해보자. 독서 계획, 운동 계획, 다이어트 계획처럼 먼저 계획을 세워야 한다. 건물을 지을 때 재료, 공구, 장소, 건물 규모, 외관, 기간 등 시공 계획을 구체적으로 세워야 하는 것과 같다. 계획을 세워야 기한 안에 목표에 다다를 수 있다.

30

못하는 것이 아니라
아직 배우지 않았을 뿐이다

"나는 안 돼!"

"잘 못하면 어떡해?"

"나는 못해!"

이처럼 실패에 대한 두려움 때문에 하고자 했던 일을 포기한 적이 있는가? 어떤 직무를 담당하고 싶은데 잘 못할 것 같아서 포기하거나, 시합에 나가고 싶은데 시작하자마자 질까 봐 포기하거나, 일을 잘 못할까 봐 두려워서 결국 포기해버린 경험이 누구에게나 있을 것이다.

사람이 일생을 살며 가장 흔하게 저지르는 잘못이 있다면, 그건 바로 자신이 잘 못할까 봐 걱정하는 것이다. 그런데 해보지도 않고 결과를 어떻게 알 수 있을까?

실패를 대하는 태도가 성공 여부를 결정한다

아기는 처음 두 발로 설 때 자꾸 넘어지지만 계속해서 다시 일어 선다. '아, 나는 왜 이렇게 멍청할까? 다른 아기들은 똑바로 잘 서는데!'라며 자신을 비난하거나 다른 아기와 비교하는 아기는 없다.

과학자는 실험을 할 때마다 실패를 거듭한다고 해서 그때마다 자신을 실패자라고 생각하지는 않는다. 만약 그렇다면 에디슨은 어떻게 실험을 계속해서 전구와 축음기, 영사기 등을 발명할 수 있었겠는가?

나는 나이키 광고에서 조던이 한 이 말을 참 좋아한다.

"나는 선수 생활을 하며 9천 개 넘는 슛을 놓쳤다. 3백 번의 경기에서 패배했고, 경기를 뒤집을 수 있는 슛 기회에서 26번 실패했다. 나는 실패했고, 실패했고, 계속 실패했다. 그리고 이것이 내가 성공한 원동력이다."

실패를 두려워하지 말자. 삶은 직접 부딪쳐서 느껴야 한다. 때로는 틀릴 때도 있겠지만, 경험은 원래 그렇게 만들어지는 것이다. 만약 틀린 것을 알았다면 옳은 것에 한 걸음 더 가까워졌다는 뜻이다. 틀리는 경험이 많을수록 배우는 것도 많아진다. 넘어진 뒤 일어설 줄만 안다면, 실수는 더 이상 실수가 아니다.

실패를 두려워하지 않는 사람만이
실패로 인해 쓰러지지 않는다

어느 회사의 주요 직책에 지원한 두 사람이 있었다. 두 사람의 경력을 살펴본 사장은 그중 한 명을 선택하기가 쉽지 않았다. 두 사람의 경력은 정말 화려했고, 이룬 성과도 비슷했다. 다른 점이 있다면 한 사람은 어릴 때부터 한 번도 실패해본 적이 없었고, 다른 한 사람은 여러 번 실패한 경험이 있었다. 사장은 오랜 고민 끝에 실패한 경험이 많은 지원자를 채용하기로 했다.

직원들은 사장의 결정을 의아하게 생각했다. 매번 성공을 이룬 사람을 선택하지 않은 이유가 무엇일까? 사장은 실패가 두렵지 않은 걸까?

직원들의 의문에 사장은 이렇게 답했다. "일을 하면서 실패를 경험하지 않고 지나갈 수는 없죠. 두 분 모두 성공시킨 프로젝트가 많은데, 그중 한 분은 실패 속에서 다시 일어선 경험이 많고 다른 한 분은 그런 경험이 없더군요."

사장은 잠시 숨을 고른 뒤 자신 있게 말을 이었다. "이번에 나는 실패를 두려워하지 않는 분을 찾았습니다."

그렇다. 실패를 두려워하지 않는 사람만이 실패에 지배당하지 않는다. 두 손이 없지만 뛰어난 화가가 되었거나 한쪽 다리가 없지만 훌륭한 다이빙 선수가 된 사람들이 있다. 심지어 루게릭병을 앓아 몸을 움직일 수 없었던 스티븐 호킹 박사도 연구에 몰두하여 세계적인 우주물리학자가 되었다. 그러니 당신은 어떤 핑계를 댈 수 있겠는가?

기억하자. 실패를 해서 안타까운 것이 아니라, 원래 성공할 수 있었던 사람이기에 안타까운 것이다.

 철학으로 깨우치기

좋은 기회를 만났지만 그게 쉬운 일은 아닐 때, 그에 대한 두려움이 당신의 결정에 영향을 미쳐서는 안 된다. 그럴 때는 스스로 물어보자.

"만에 하나 잘 안 됐을 때 마주치게 될 최악의 상황은 무엇인가? 내가 그걸 감당할 수 있을까?"

"그것이 두렵지 않다면, 나는 이 기회를 잡아야 할까?"

이 두 가지 물음에 모두 긍정적인 답이 나온다면, 무조건 그 기회를 잡아야 한다. 예를 들어 강연 기회가 생겼는데 너무 쑥스러워서 망설이고 있다면 자신에게 물어보자.

"만약 내가 쑥스럽지 않다면 어떻게 하게 될까?"

강연장에 당당하게 서서 당신의 이야기를 하고 있을 것이다. 시작은 분명히 쉽지 않다. 그러나 용기는 이렇게 생겨난다. 아무리 부끄럽고 쑥스러워도 계속 앞을 향해 나아가면 자기 자신을 넘어서는 순간이 온다. 그게 바로 용기다.

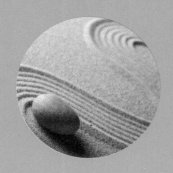

왜 나에게는 자꾸 문제가 생기며
삶은 왜 이리도 고달픈 것이냐고 자신의 인생을 원망하곤 한다.
그런데 이런 원망은 문제를 바라보는 태도 때문에 생긴다.
문제를 나쁜 일로만 인식하니까 삶이 고달프고 피곤한 것이다.
해결할 수 없는 시련이 닥치지는 않는다.
또한 우리는 시련을 통해 우리가 가진 능력과 가능성을
발견하고 재능과 지혜도 발휘할 수 있다.
당신의 경력은 이렇게 만들어진다.
고난은 인생의 적금이다.

PART 6

당신이 경험하는
고난들

31

방향은 바꾸되 뒤돌아보지는 말자

살면서 수없이 마주하는 선택의 순간에 우리는 늘 맞는 길과 틀린 길이 있다고 생각한다. 그래서 교차로에 서면 일단 어느 길이 맞는 길인지 고민한다. 그러다 보니 선택의 결과가 기대치와 다르면 자신이 틀린 길을 선택했다고 여기며 후회한다.

하지만 인생은 어떤 것이 맞고 어떤 것이 틀리다고 명확하게 구분할 수 없다. 오른쪽 길을 선택하면 그 길에서 배우는 것이 있고 왼쪽 길을 선택하면 역시 또 전혀 다른 기회와 경험을 만난다. 우리가 내린 결정에 맞고 틀리고는 없다. 그저 각기 다른 길일 뿐이다.

그러므로 완벽한 결정이란 존재하지 않는다. 어떤 결정을 하든, 그 순간에는 그게 당신에게 최선이다. 어떤 선택은 당신을 오르막길로 인도하고, 또 어떤 선택은 내리막길로 인도한다. 그리고 그 모든 길에서 당신은 지혜를 얻게 될 것이다.

· · ·

실수란 없다.
그로 인한 배움만 있을 뿐이다

'만약 그때 다른 선택을 했더라면…….'

'차라리 이렇게 했으면 더 좋았을 텐데…….'

우리는 종종 과거를 떠올리며 지난 선택을 후회한다. 과거로 돌아가서 당시의 선택을 바꾸면 현재의 삶이 완전히 달라질 거라고 생각하기도 한다. 물론 그건 불가능한 일이다. 우리는 절대 과거로 돌아갈 수 없으며, 만약 돌아간다고 하더라도 분명히 그때와 똑같은 결정을 내릴 것이다. 왜냐하면 나는 여전히 과거의 나이기 때문이다. 그러니 이렇게 생각해보자. 현재 후회하고 뉘우친다는 것은 내가 변했다는 뜻이다. 지난날의 실수를 통해 배운 게 있다는 뜻이다.

그것이 바로 내가 "실수란 없다. 그로 인한 배움만 있을 뿐이다."라는 말을 자주 하는 이유다. 만약 모든 일이 생각한 대로 이루어지고 계획한 대로 완벽하게 진행되면 새로운 것을 경험해볼 기회가 생길까? 그런 인생은 아마도 밋밋한 성공의 끊임없는 반복일 것이다. 레벨도 없고 장애물도 없는 게임은 얼마나 재미없는가.

이기고 지는 것은 중요하지 않다. 중요한 것은 그 과정에서 무엇을 얻느냐다. 이겼지만 자신을 잊어버리는 사람도 있고, 졌지만 자신을 새롭게 알게 되는 사람도 있다. 시련을 통해 지혜를 얻는 사람이 있고, 성공했지만 교만해지는 사람도 있다. 한 사람의 삶이 어떤 품격을 갖게 될지는 이렇게 결정된다.

이제는 삶을 '성공과 실패'가 아닌 '성장과 수확'으로 바라봐야 한다. 평생 공부하고 배운다고 생각하면 매 순간 경험하는 것이 수업이고 배움의 기회다. 그러면 좌절할 일이 없다.

· · ·

지나온 모든 것에 헛걸음은 없었다

어려움에 부딪치면 대부분의 사람들은 이런 의문을 갖는다. '만약 그때 그렇게 하지 않았더라면 어땠을까?' 하지만 이런 생각을 해봐야 후회와 원망만 늘고 더 주눅 들게 된다.

그런 의문을 '다음에는 어떻게 해봐야겠다!'라는 다짐으로 바꿔보자. 다음에는 다른 방법으로 해보겠다는 것은 그 과정에서 뭔가 배웠다는 뜻이고 더 신중해질 거라는 뜻이다. '진작 알았더라면 그 사람 부탁을 들어주지 않았을 텐데!'라는 생각을 '이제 그런 사람인 걸 알았으니 다음에는 부탁을 들어주지 말아야지!'로 바꿀 수 있다.

앞으로 나아갈 방향이 아닌, 잘못했던 과거만 바라보고 있으면 좌절만 끝없이 반복된다. 이렇게 되면 현재 겪고 있는 문제가 해결되지 않는 것은 물론 오히려 더 커지기만 한다. 실패를 마주할 때도 마찬가지다. '이겼다'와 '졌다'로 판단하지 말고 '최선을 다했나', '과정에서 배운 게 있나'로 평가하자.

우리가 가는 수많은 길에는 각기 다른 풍경이 펼쳐진다. 내 인생은 내가 만드는 창작물이라고 생각하며 살아가면 당신이 걷는 모든 길이 잘못된 길일 수 없다.

방향은 바꾸되 지나온 길을 뒤돌아보지는 말자. 앞을 향해 나아가야 인생이다. 자꾸 뒤돌아보며 후회하지 말고, 고개를 돌려 그 과정에서 무엇을 배웠는지 살펴보자.

실학으로 깨우치기

현재 상황에 만족하지 못한다면 생각의 초점을 'why me'에서 'how better'로 바꿔보자.

우리는 '왜 나에게 이런 재수 없는 일이 생긴 거지?', '왜 나만 늘 실수를 하지?', '왜 다들 나한테만 이러지?'와 같은 의문을 자주 품는다. '왜 나만'으로 시작하는 의문은 부정적이고 자신을 위축시켜서 오히려 상황을 더욱 나쁘게 만든다.

지혜로운 사람은 같은 상황에서 다른 의문을 품는다. '어떻게 하면 좋을까?'라고 자신에게 묻는 것이다. '어떻게 하면 상황이 더 나아질까?', '어떻게 하면 더 좋은 결과를 얻을까?', '어떻게 하면 상황을 바꿀 수 있을까?' 이런 질문을 통해 금방 새로운 방향을 찾을 수 있고 다시 일어설수 있다. 왜 그런 일이 일어났는지는 중요하지 않다. 그래서 어떻게 해결할지, 그 과정에서 무엇을 배웠는지가 더 중요하다.

32

이 세상에 괜한 고생은 없다

우리에게 지혜가 필요한 순간은 언제일까? 바로 문제가 생겼을 때다. 인생이 아무 문제 없이 순탄하기만 하면 먹고 자는 게 전부인 돼지의 삶과 다를 게 없다. 아무 도전 없이 먹고 자기만 하면 우리 안에 잠재된 적극성과 진취성은 사라지고 점점 더 둔해지기만 할 것이다.

'왜 나에게 자꾸 문제가 생기며 삶은 왜 이리도 고달픈 것일까?'라고 자신의 인생을 원망한 적이 있을 것이다. 그런데 이런 원망은 문제를 바라보는 태도 때문에 생긴다. 문제를 나쁜 일로만 바라보니까 삶이 고달프고 피곤한 것이다. 살면서 생기는 여러 문제를 통해 당신은 성장한다. 당신이 만나는 고난은 당신의 재능을 발전시키고 풍부한 지혜를 만들어낸다.

좋은 일에는 고통이 따른다

연습실에 들어선 음대생이 한숨을 내쉬었다. 피아노 위에는 역시나 고난도 곡의 새 악보가 놓여 있었다. 벌써 세 달째다. 새로운 지도교수를 만난 뒤 그는 피아노 연주에 대한 자신감이 바닥까지 떨어졌다. 정상의 피아니스트인 지도교수는 레슨 첫날에 악보를 하나 건네며 한번 연주해보라고 했다. 난도가 높은 악보를 처음 보고 연주하려니 계속 실수가 나왔다.

"아직 익숙하지 않아서 그러니 열심히 연습해 오도록 해."

레슨을 마치며 교수가 당부했다. 학생은 일주일 동안 열심히 연습했다. 그리고 두 번째 레슨 날 교수 앞에서 연주하려는데 교수가 새로운 악보를 내밀었다. 더 어려운 곡의 악보였다.

"한번 연주해볼까?"

지난주 레슨에 대한 언급은 일절 없었다. 학생은 다시금 더 어려운 곡의 악보와 씨름을 했다. 세 번째 레슨 때는 그보다 더 어려운 곡의 악보가 등장했다. 학생은 레슨을 받을 때마다 갈수록 어려워지는 곡의 악보에 처절한 패배감을 느꼈다. 레슨을 마치고 돌아가서 열심히 연습하고, 한 주가 지나 다시 교수를 만나면 두 배나 더 어려워진 새 악보를 받았다. 이런 상황이 반복되다 보니 진도를 따라가기 버거웠고, 아무리 열심히 연습을 해도 레슨은 늘 어렵고 부담스러웠다. 학생은 갈수록 위축되었다.

학생은 더 이상 견딜 수 없어 교수에게 지난 3개월간 받은 스트레스와 괴로움을 토로하며 그 이유를 물었다. 교수는 대답 대신 첫날 주었던 악보를 꺼내서 학생에게 건넸다.

"해볼까?" 교수의 눈빛에는 뭔지 모를 확신이 서려 있었다.

그런데 상상도 못한 일이 일어났다. 학생 본인조차 믿을 수 없었다. 그 어렵던 곡을 완벽하고 아름답게 연주해낸 것이다. 교수는 두 번째 레슨 때 줬던 악보도 내밀었다. 역시 학생은 굉장한 수준의 연주를 선보였다. 연주를 마친 학생이 자신도 믿기지 않는다는 듯 교수를 바라봤다. 아무 말도 할 수 없었다.

"만약에 내가 학생에게 스트레스를 주지 않고 괴롭히지 않았더라면, 아마 학생은 아직도 첫 번째 악보를 연습하고 있을 거야. 물론 지금과 같은 수준에 이르지도 않았겠지."

학생이 품은 의문에 교수가 이제야 대답했다.

· · ·

고난은 인생의 적금이다

새총에 끼워 튕긴 돌이 어느 정도 날아갈지는 무엇에 달렸을까? 당신이 새총의 고무줄을 얼마나 길게 당기는지에 달렸다.

과제가 너무 많다는 학생들의 불만에 나는 늘 이렇게 답한다. "과제를 많이 내는 건 바로 이 과제의 최대 수혜자가 바로 학생들이기 때문이지."

로마 황제 마르쿠스 아우렐리우스는 이렇게 말했다. "어깨가 무겁고 부담이 된다면 그것은 당신에게 좋은 일이다. 그 부담이 가져오는 시련을 통해 자양분을 얻게 될 것이니 오히려 감사해야 한다. 위는 음식물 속의 영양분을 흡수해서 근육을 단련하고, 붉은 목재가 있으면 더 잘 타오른다. 사람에게 시련이란 이런 것이다."

해결할 수 없는 시련이 닥치지는 않는다. 또한 우리는 시련을 통해 우리가 가진 능력과 가능성을 발견하고 재능과 지혜를 발휘할 수도 있다. 당신의 경력은 이렇게 만들어진다.

좋은 일에는 고통이 따르기 마련이다.

철학으로 깨우치기

이 세상에 괜한 고생은 없다. 상처를 입은 뒤 더 강해지고, 남에게 속은 뒤 더 총명해진다. 경쟁자가 있어서 나 자신을 뛰어넘을 수 있고, 넘어진 뒤에 더 바르게 설 수 있으며, 길을 잃은 뒤 새로운 길을 발견할 수 있다. 시야를 넓히면 지금 내게 생긴 일들이 나의 지혜와 재능을 발전시켜주고 더 큰 성공을 위한 디딤돌이 되어줄 것임을 알 수 있다. 과거의 고난이 있었기에 오늘의 내가 있다.

33

당신을 막아선 것이 당신을
날게 할 수 있다

친구의 아들인 케빈은 초등학교와 중학교에 다닐 때만 해도 늘 선생님의 칭찬을 듣는 모범생이었다. 그런데 고등학생이 된 뒤 완전히 바뀌었다. 걸핏하면 부모님께 반항하고 언성을 높이는 바람에 그 집은 늘 긴장 상태였다. 내가 케빈에게 왜 갑자기 그러는 것인지 묻자 케빈은 이렇게 대답했다.

"저는 이제 다 컸어요. 어린아이가 아니에요. 그러니 제가 하고 싶은 일을 마음대로 할 수 있는 자유가 있다고요. 부모님이 저를 어린아이 대하듯 간섭하지 않으면 좋겠어요. 저는 지금 저의 자유를 쟁취하기 위해서 싸우는 중이에요."

물론 케빈의 부모인 친구 부부는 생각이 달랐다. 부모에게는 자녀의 생각과 행동, 생활태도를 잘 지도해야 할 책임과 의무가 있으므로 어느 정도의 규범은 반드시 필요하다고 했다.

연은 잡아당기는 줄이 없으면 바로 떨어진다

하늘을 날던 연이 멀리 있는 아름다운 초원과 꽃밭을 발견했다. 저곳으로 가서 구경할 수 있다면 얼마나 좋을까! 이쪽에 있는 바위들과는 비교도 안 되게 아름다운데! 하지만 문제가 하나 있었다. 거기까지 가기에는 실이 너무 짧았다. 연은 실을 마구 잡아당겨 드디어 끊어냈다. 그리고 신이 나서 꽃밭을 향해 날아갔지만 얼마 가지 않아 금방 땅으로 떨어져버렸다. 자유로운 비행을 방해하는 것처럼 보였던 실이 사실은 연을 높이 날리고 있었던 것이다.

하고 싶은 대로 하면서 사는 것을 자유라고 생각하는 사람이 많다. 하지만 그건 자유가 아니라 방종이다. 놀고 싶은 대로 놀고, 입고 싶은 대로 입고, 아무 때나 친구를 만나서 아무 데나 놀러 다니는 아이들이 있다. 그들의 부모는 어쩌면 너무 바빠서 자녀가 무엇을 하는지 확인할 시간이 없을지도 모른다. 어쩌면 관리가 안 되는 것일 수도 있고, 어쩌면 아예 포기한 것일 수도 있다. 그렇다면 그들의 자유가 과연 좋은 일일까?

나는 자녀가 하고 싶은 대로 하게 내버려두는 것이 사랑이라고 생각하지 않는다. 이런 사랑은 오히려 아이를 망칠 수 있다.

물이 용기를 벗어나면
쏟아져 형태가 사라진다

한 젊은이가 소크라테스에게 말했다. "저는 자유를 원합니다. 그 것도 완전한 자유를요!"

소크라테스가 대답했다. "나 역시 완전하며 어떤 구속도 받지 않는 자유를 원하네."

젊은이가 이상하다는 듯이 물었다. "그렇다면 선생님께서는 왜 틀 안의 자유를 말씀하셨습니까?"

소크라테스는 대답 대신 컵에 담긴 물을 바닥에 쏟아붓고 나서 물었다. "바닥에 쏟아진 물을 다시 컵에 담을 수 있겠나?"

젊은이가 확신에 찬 목소리로 대답했다. "그건 불가능하지요."

"내가 말한 자유와 틀이 바로 이 물과 컵 같다네."

규범을 컵과 같은 용기라고 생각해보자. 우리는 컵에 물을 담을 수 있고, 컵이 있어서 물을 따라서 들고 다니며 마실 수도 있다. 그런데 이 컵을 떨어뜨리면 물은 자유로워지겠지만 형태가 사라져버린다. 물에 어떤 구속도 없으면, 즉 컵처럼 의지할 게 없어지면 그냥 흐트러지는 것이다. 컵을 벗어난 물처럼 사람 역시 제약이 없으면 흐트러지기 마련이다.

자유는 규율 속에 존재한다. 이것이 바로 '자율'이다. 그러니 자유가 간절할 때는 자신이 스스로 통제하며 자유를 만끽할 수 있는 사람인지, 다시 말해서 '자율'이 가능한 사람인지 생각해보자. 스스로 그렇다고 판단이 되는 사람이라면, 아마 부모님도 제약을 많이 두지 않을 것이다. 굳이 그럴 필요가 없기 때문이다.

철학으로 깨우치기

당신이 학생이라면 한번 생각해보자. 당신의 부모님은 어떤 부분을 간섭하고 규제하는가? 과제, 집안일 분담, 귀가 시간, 핸드폰과 컴퓨터 사용 시간, 텔레비전 시청 규칙 등이 있을 것이다. 집 밖에서 무엇을 하고 다니는지, 어떤 친구를 사귀는지도 포함될지도 모른다.

그렇다면 이런 간섭이 전혀 없는 게 나을까? 대부분의 사람들은 자신을 규제하는 사람이 없으면 스스로 엉망이 될 것이라는 사실을 잘 안다. 또한 아무도 자기에게 관심을 두지 않는다고 느낄지도 모른다.

그러므로 내키는 대로 아무렇게나 사는 친구들을 부러워하지 말자. 어쩌면 그들에게 가장 부족한 것은 부모의 관심과 사랑일지도 모른다.

34

당신은 바라는 것이 아닌, 필요한 것을 얻을 것이다

인생길에는 가끔 갑작스럽게 굽은 길이 나타난다. 그러면 우리는 그 길에 좋은 길, 나쁜 길이라는 딱지를 붙이고, 왜 그런 길이 나타났는지는 잘 모르겠지만 일단 신의 뜻일 거라고 생각하고 그 길을 받아들인다.

그러나 정말 신이 있다면 신은 왜 사람들에게 그런 고통과 고난을 주는 걸까? 피할 수 없는 자연재해와 인간이 만들어내는 재앙들, 그리고 착한 사람만 피해를 보는 수많은 불공정한 현상들을 신은 왜 두고 보기만 하는 걸까? 우리 인간들은 이런 의문을 가질 수밖에 없다. 신에게 자비가 있다면 신은 왜 좋은 일을 더 하지 않는 걸까? 왜 모든 사람에게 순탄하면서 생각한 대로 이루어지는 삶을 주지 않는 걸까?

이 의문에 대한 답을 구하기 전에 먼저 이야기를 하나 들려주겠다.

칼은 숫돌이 길들이고,
사람은 다양한 도전이 길들인다

선생님이 학급 아이들에게 말했다. "모두 글짓기 공책과 연필을 꺼내세요. 오늘의 글짓기 주제는 '만약 나에게 1억 원이 생긴다면' 입니다."

모두 열심히 글을 쓰기 시작하는데, 샤오화라는 학생만 아무것도 쓰지 않고 멍하니 창밖만 바라보고 있었다.

선생님이 다가가 물었다. "샤오화, 다른 친구들은 거의 다 써가는데 왜 너는 열심히 안 쓰니?"

샤오화가 대답했다. "열심히요? 1억이나 있는데 더 열심히 해야 해요?"

플라톤은 "무엇이든 이루어지게 해주는 것은 어린이에게 가장 가혹한 처사다."라고 했다. 신이 당신에게 원하는 것을 다 들어주고 무엇이든 다 갖게 해준다면, 당신은 어떻게 성장할 수 있겠는가? 과연 열심히 살아갈 필요성을 느낄까?

이게 바로 앞에서 제기한 의문에 대한 답이다. 우리는 우리가 원하는 것이 아닌, 반드시 필요로 하는 것을 얻게 된다. 신은 어떻게 해야 우리에게 도움이 되는지 알고 있다. 그래서 우리가 원하는 방식이 아닌, 우리에게 도움이 되는 방식을 사용한다. 신은 우리가 아무 목표도 없이 단조로운 삶을 살기를 바라지 않기에 자꾸 이런저런 도전을 던져서 우리를 시험한다. 또한 우리가 좋아하지 않는 사람이나 물건, 일들을 우리 삶에 등장시키기도 한다. 우리는 이런 상황이 싫고, 도망치고 싶고, 때로는 저항하고 싶다. 그러나 신은 우리가 시험을 통과하기 전까지는 이런 문제들을 끊임없이 만들어낼 것이다.

· · ·

당신을 무너뜨리지 못한 그것들로 인해
당신은 더욱 강해질 것이다

〈탈무드〉에 이런 구절이 있다.

"신이 행하는 모든 일은 가장 좋은 결과를 위한 것이다."

우리가 지칭하는 좋은 일, 나쁜 일은 모두 편견에서 비롯된 것이다. 그 일이 생긴 데에는 그만한 이유가 있다. 그러니 겉만 보고 판단하지 말자.

물론 쉽지 않겠지만, 이런 경험을 통해 더 큰 전환점을 맞게 될 것이다. 물론 고생스럽겠지만, 그 고생의 끝에는 그만한 성과가 있을 것이다. 그리고 나중에 힘들었던 과거를 돌이켜보았을 때, 나를 무너뜨리지 못한 그것들이 나를 더 강하게 만들었음을 깨달을 것이다. 이를 깨달은 사람은 살면서 어떤 일을 만나든 그 일을 긍정적으로 받아들이고 감사하는 마음을 갖게 될 것이다.

당신에게 어떤 재수 없는 일이 생기거든 이렇게 생각해보자. '이건 나에게 반드시 필요한 과정이야.'

괴롭고 받아들이기 힘들어 보여도 그것을 기회와 도전으로 삼고 용감하게 맞이하자. 폭풍우를 맞아야 한다면 가서 맞는 거다.

대신 즐거운 마음으로 적극적으로 대하자. 어차피 거쳐야 하는 과정이라면 굳이 비참하고 괴로운 모습을 보일 필요가 있을까?

만약 그 폭풍우가 당신을 성장시키기 위한 것이라면, 그래서 그 폭풍우 뒤에 아름다운 무지개가 뜬다면, 두 팔 벌려 폭풍우를 받아들이지 않을 이유가 없다.

35

칼날을 받을 것인가,
칼자루를 쥘 것인가

대부분의 사람들은 일이 생각대로 되었는가 아닌가에 따라 기분이 달라진다. 즉 외적 요인에 내 기분이 달렸다. 하지만 외적인 문제들이 늘 내 뜻대로 되지는 않는다.

우리의 기분이 자주 나빠지는 이유가 바로 여기에 있다. 그래서 심리학자들이 '마음먹기에 달렸다', '긍정적으로 생각해야 한다' 같은 말을 반복하는 것이다.

여러 상황과 환경에 적응하고 그에 맞게 변화를 해야 앞으로 마주할 다양한 상황에 대처할 수 있다. 형편이 별로 좋지 않아도 하루하루를 즐겁게 살고, 또 어려운 상황 가운데 나름의 즐거움을 찾아서 살아가는 사람들이 있다. 그들은 어떻게 그럴 수 있을까?

관건은 긍정적 사고다. 이러한 '생각의 전환' 기술이 제대로 발휘된 예가 대니얼 디포 소설 속의 '로빈슨 크루소'다.

외적인 문제는 바꿀 수 없어도,
내적인 문제는 바꿀 수 있다

　로빈슨 크루소는 무인도에 표류했을 때 절망하면서 주저앉아 죽음만 기다리지 않고 어떤 행동을 했는데, 결국 그 행동이 자기 자신을 살렸다. 그것은 바로 배가 침몰한 뒤 바닷가에 떠다니던 종이와 펜을 건져와 목록을 작성한 것이다. 그는 현재 자신이 처한 객관적인 상황과 자신이 가진 유리한 상황을 적었다.

　처한 상황 : 나는 무인도에 갇혔으며 구조 가능성은 희박하다.
　유리한 점 : 나는 다른 동료들과 달리 물에 빠져 죽지 않고 아직 살아있다.
　처한 상황 : 입을 옷이 없다.
　유리한 점 : 무더운 곳에 표류한 덕에 옷을 입을 필요가 없다.

　이런 식의 나열이었다. 그리고 그는 절망적이고 바꿀 수 없는 사실은 모두 잊고 긍정적인 것만 생각하기로 했다.
　물론 로빈슨 크루소의 행동을 두고 자기기만이라고 할 수도 있다. 그가 처한 '곤경'이 사라지지는 않았기 때문이다. 하지만 '긍정적인 사고'를 통해 그는 손에 잡히지 않는 희망보다는 당장 자신이 가진 것에 집중했다. 또한 후회하기보다는 지혜와 끈기와 냉정함으로 위기를 극복해 나갔다. 자기 목숨의 주도권을 외부 상황이 아니라 자신이 거머쥔 것이다

태양을 향해 선 사람은
그림자를 볼 일이 없다

다트를 던지는 사람들 사이에 널리 알려진 말이 있다.

"운명이 당신을 향해 칼을 겨눌 때 당신에게는 두 가지 선택지가 있다. 칼날을 받거나, 칼자루를 쥐는 것이다."

당신은 칼날을 받을 것인가, 아니면 칼자루를 쥘 것인가. 선택은 당신에게 달렸다.

두 사람이 함께 교통사고를 당해서 중상을 입었다. 그런데 한 사람은 절망에 빠졌고 다른 한 사람은 매일 싱글벙글했다. 같은 사고를 당했는데 반응은 어떻게 정반대였을까?

절망에 빠진 사람은 늘 찌푸린 얼굴로 말했다. "나는 참 재수가 없어. 대체 왜 이런 사고를 당한 거야?"

늘 웃는 사람은 이렇게 말했다. "하늘에 감사해야지! 나는 아직 살아있잖아!"

일본에서 '경영의 신'으로 추앙받는 기업인, 마쓰시타 고노스케가 이런 이야기를 한 적이 있다.

"시골에 사는 두 사람이 함께 상경했다가 도시 사람들이 물을 팔고 있는 광경을 목격했다. 도시에서는 물도 사서 마셔야 한다니! 갑은 물가가 너무 비싸서 도저히 살아갈 엄두가 안 난다면서 도시 생활을 포기하고 고향으로 돌아갔다. 을은 생각이 달랐다. 도시에서는 물로도 돈을 벌 수 있다니! 그렇다면 돈 벌기가 얼마나 쉬운가! 그래서 도시에 남았고 사업을 일궈 성공했다."

삶이란 원래 완벽하지 않다. 그러니 부정적인 상황으로 보여도 그 안의 긍정적인 면을 보도록 노력해야 한다. 이것이 바로 '낙관적인 태도', 즉 최악의 상황에서 최선의 가치를 찾아낼 수 있는 힘이다.

외적 상황은 바꿀 수 없지만 마음가짐은 바꿀 수 있다. 또한 인생은 바꿀 수 없지만 인생관은 바꿀 수 있다. 그렇다. 태양을 향해 선 사람은 그림자를 볼 일이 없다.

 철학으로 깨우치기

어떤 곤란한 상황에 부딪쳤을 때는 이렇게 생각해보자.
'이 상황에서 어떤 좋은 점이 있는가?'
이어서 그것이 어떤 가치 있는 성과를 가져올지 생각해보자. 기대되는 것이 아무것도 없다 하더라도 최소한 인내심이나 자신감은 생길 것이다.
"장미에 가시가 있다고 원망하지 마라. 그 가시 덕에 장미꽃이 피어나니 오히려 기뻐해야 한다."
이것은 아라비아 속담이다. 장미에 가시가 많다고 조물주를 원망하는 사람은 있어도 가시 덕에 장미가 피어났다고 조물주에 감사하는 사람은 없을 것이다. 운명이 당신에게 먹지 못할 정도로 신 레몬을 줬다면, 당신은 거기에 설탕을 넣어 달콤한 레몬주스를 만들면 된다.

36

희망은 멀지 않은 곳에 있다.
자신을 믿어라

　　　　　옛날에 눈이 먼 노인과 소년이 서로 의지하며 살고 있
었다. 매일 거리에서 거문고를 타며 기예를 팔아 생활을 꾸려가고
있었는데 노인이 더는 버티지 못하고 병으로 쓰러지고 말았다. 그
는 곧 세상을 떠날 거라 짐작하고는 소년을 불러서 손을 꼭 잡고 힘
겹게 말했다.

　"애야, 사실은 네가 빛을 볼 수 있는 비법이 있단다. 그 비법이 적
힌 종이를 거문고 안에 숨겨놓았다. 현 천 개가 끊어질 정도로 거문
고를 타면 열어서 찾을 수 있을 것이다. 그렇지 않으면 너는 절대
빛을 볼 수 없단다."

　소년은 눈물을 흘리며 사부님 뜻에 따르겠다고 했다.

　소년은 매일 노인의 유언을 떠올리며 쉬지 않고 거문고를 탔다.
연주하다가 끊어진 현들은 차곡차곡 잘 보관해두었다. 천 개째 현

이 끊어졌을 때 그는 이미 황혼의 나이가 되어 있었다. 그는 기쁨에 들떠 떨리는 손으로 비법이 적힌 종이를 꺼냈다. 그런데 옆에 있는 사람이 종이를 확인하고 전하기를 종이에 아무것도 적혀 있지 않는다는 것이다! 그 말에 그는 빙그레 미소를 지었다.

사실 노인이 말한 비법은 '희망의 빛'이었다. 그는 사부님의 뜻을 바로 이해했다. 만약 비법에 대한 기대가 없었더라면 그는 버티지 못하고 앞이 보이지 않는 어둠 속에서 고통스럽게 살았을 것이다. 어쩌면 너무 힘들어서 모두 내려놓고 쓰러졌을지도 모른다. 희망이라는 비법이 있었기에 이제까지 버틸 수 있었다.

· · ·

절망할 때도 있겠지만
희망을 놓으면 안 된다

희망은 온전히 마음에서 우러나오는 감정이다. 중병을 앓는 환자들이 매일 가위에 눌린 듯한 힘든 시간을 보내면서도 버틸 수 있는 것은 희망을 품고 있기 때문이며, 끔찍한 포로수용소에 갇힌 전쟁 포로들이 상상할 수 없는 고통과 공포를 겪으면서도 살아갈 수 있는 것 역시 가슴에 품은 한 가닥 희망 때문이다.

예전에 한 수단 소년의 이야기를 들은 적이 있다. 어느 날 소년이 살던 마을이 테러 집단에 점령당했다. 소년의 부모님을 포함하여 마을 사람들 전부가 그들에게 살해됐는데 소년은 쓰레기더미 아래에서 죽은 척하고 있다가 겨우 목숨을 구했다. 소년은 위급상황이 생기면 하구에 있는 마을로 피신하라고 했던 부모님의 말씀을 기억하고는 약간의 식량과 물만 들고 수백 리를 걸어갔다. 고통과 두려움 속에서 한 가닥 희망에 모든 것을 걸고 마지막 남은 힘을 짜냈다. 몇 주를 걸어 결국은 하구 마을에 도착했고, 소년은 그제야 안도할 수 있었다.

희망이란 이렇듯 당신이 쓰러지기 전에 당신을 응원해주며 당신이 무너지지 않도록 지켜주는 힘이다.

· · ·

자신을 믿으면 희망이 보인다

누구나 희망하는 것이 있다. 좋은 학교에 입학하기를 희망하고, 인간관계가 나아지기를 희망하며, 병을 이겨내기를 희망하고, 꿈이 실현되기를 희망한다. 희망은 한 줄기 빛이 되어 고난과 어둠을 이겨낼 힘을 준다. 어떤 고난과 시련, 좌절이 있어도 희망을 품으면 이겨낼 수 있고 견뎌낼 수 있다.

만약 당신이 현재 희망을 품고 있다면 행동으로 옮기는 것이 매우 중요하다. 희망을 품는 것만으로는 부족하며, 반드시 자신감 있는 발걸음을 내디뎌야 한다. 목표로 하는 대학이 있다면 반드시 학습 계획을 세워야 하고, 병에 걸려 건강이 좋지 않다면 반드시 건강 회복 계획을 세워야 한다. 그리고 '반드시 그렇게 되리라는 믿음'이 동반되어야 한다. 희망은 사라질지라도 믿음은 사라지지 않는다.

확고한 믿음을 가진 달팽이 이야기를 들려주겠다.

춥고 바람도 많이 부는 어느 날 달팽이가 앵두나무를 오르고 있었다. 그때 근처를 지나가던 참새가 달팽이를 보고 비웃었다. "뭘 그렇게 열심히 올라가? 이미 앵두가 없다는 걸 모르는 거야?"

달팽이는 멈추지 않고 계속해서 기어올라가며 말했다. "내가 도착할 때쯤에는 앵두가 다시 열릴지도 모르잖아."

그렇다. 자기 자신을 믿으면 희망은 멀지 않은 곳에 있다.

철학으로 깨우치기

희망하는 것을 이루기 위한 세 단계를 소개한다.

첫째, 희망하는 것을 적는다. 종이 한 장을 꺼내어 마음속 깊은 곳에서 가장 희망하고 바라는 것을 적어보자. 당신이 낙담하고 무기력해질 때 계속 나아갈 힘을 얻을 수 있다.

둘째, 그 희망을 믿자. 커튼을 걷지 않으면 떠오르는 태양을 볼 수 없다. 희망을 믿지 않으면 자신감을 가질 수 없다. 그 희망이 정말로 이루어진 다고 생각해야 자신감을 가질 수 있다.

셋째, 희망을 향해 가자. 인생길에서 중요한 것은 출발점이 아니라 현재 가고 있는 방향이다. 그러므로 어서 첫발을 내디뎌 희망을 향해 가자.

우리가 매일 하는 생각들이 모여서 삶을 만든다.
늘 긍정적인 생각을 하면 인생도 긍정적인 방향으로 흐르고,
부정적인 생각만 자꾸 하면 부정적인 인생을 살게 된다.
당신의 삶이 어떤 모습일지는 당신이 평소에 하는
생각만 봐도 알 수 있다.

PART 7

당신의 생각들

37

우리는 생각하는 것을
경험하게 된다

당신의 인생에 가장 크게 영향을 미치는 것은 무엇일까? 그것은 사주팔자도 아니고 혈액형과 별자리도 아니며 출신 배경도 아니고 결혼과 사업도 아니다. 주변 사람은 더더욱 아니다. 그럼 이제 눈치 챘을 것 같다. 그렇다. 바로 당신이 지닌 생각이다.

초조한 생각을 하면 초조해진다. 슬픈 생각을 하면 슬퍼진다. 즐거운 생각을 하면 즐거워지고 사랑이 있다고 생각하면 사랑을 경험할 수 있다. 당신이 하는 생각에 따라 뒤따르는 경험이 달라지는 것이다.

혹시 최근에 기분이 안 좋은 일이 있었는가? 그때 당신은 왜 그렇게 화가 났고 우울했으며 좌절했을까? 분명히 어떤 부정적인 생각에서 시작되었을 것이다. 분노를 일으킬 생각이 있었기에 화가 났고, 기죽는 생각이 있었기에 우울해졌으며, 실패에 대한 생각이 있었기에 좌절한 것이다. 이렇듯 우리가 경험하는 것들은 모두 우리의 생각에서 출발한다.

매 순간의 생각이 모여서 삶이 된다

심리학에 'ABC 이론'이 있다. 여기서 A는 문제의 발단이고 B는 생각이며 C는 문제의 결과다. 똑같은 A가 전혀 다른 C들을 만들어낼 수 있는데, 그 과정에 B가 있다.

예를 들어, 골목에서 개가 튀어나온 바람에 당신이 깜짝 놀랐다. 이때 당신이 '하마터면 이 미친개와 부딪칠 뻔했잖아!'라고 생각한다면 당신은 재수 없는 일에 맞닥뜨렸다고 여기고 기분도 나빠질 것이다.

그런데 '튀어나온 게 차가 아니라 개라서 다행이네!'라고 생각한다면, 그래도 당신이 재수 없는 상황을 만났다고 여길까? 아니다. 아마도 정말 운이 좋았다고 생각할 것이다.

만나기로 한 친구가 약속 시간이 지났는데도 오지 않는 상황에서 당신이 '지금이 몇 신데 아직도 안 와? 이 친구는 왜 이렇게 약속을 안 지키지?'라고 생각하면 당연히 기분이 나빠진다. 그런데 '혹시 무슨 일이 생긴 건 아닐까?'라고 생각하면 화가 나는 대신 걱정되기 시작한다.

자전거를 타다가 넘어져서 다쳤다. '이만하길 다행이다.'라고 생각하면 기분이 금방 나아진다. 그런데 '요즘 왜 이렇게 안 좋은 일이 자꾸만 생기지?'라고 생각하면 최근 있었던 좋지 않은 일들이 연이어 떠오르며 불안해진다.

우리가 매일 하는 생각들이 모여서 삶을 만든다. 늘 긍정적인 생각을 하면 인생도 긍정적인 방향으로 흐르고, 부정적인 생각만 자꾸 하면 부정적인 인생을 살게 된다.

．．．

물이 반이나 있을까, 반밖에 없을까?

유명한 실험이 있다. 병에 물을 정확히 반을 채워놓고 사람들에게 이 병을 묘사해보라고 한다. 그들은 물이 반이나 있다고 말할까, 아니면 반밖에 없다고 말할까? 이것을 통해 우리는 그 사람의 인생관을 엿볼 수 있다.

생각이 행동을 만들고, 행동이 습관을 만들며, 습관이 성격을 만들고, 성격이 미래를 만든다. 인생이 잘 안 풀린다고 느낄 때는 혹시 자신이 가진 '비관적인 인생관'이 '비관적인 인생'을 만들고 있지는 않은지 생각해보자.

나는 미국의 사상가 헨리 데이비드 소로가 한 말에 전적으로 동의한다. "한 사람의 운명은 그 사람이 하는 생각에 달렸다."

당신의 삶이 어떤 모습일지는 당신이 평소에 하는 생각만 봐도 알 수 있다. 자신의 인생이 별로라고 생각하는 사람은 아마도 물이 정확히 반이 들어 있는 병을 보고 '물이 반밖에 없다'고 생각하는 사람일 거다.

철학으로 깨우치기

삶의 모습을 바꿀 수 있는 두 가지 방법이 있다.

첫 번째 방법은 생겨나는 '일'을 바꾸는 것이다.
당신이 싫어하는 일을 모두 없애고 좋아하는 일만 만들자. 하지만 자신에게 일어나는 일을 완벽하게 제어할 수 있는 사람은 없다. 그래서 이 방법은 아마도 스트레스와 좌절, 실망만 줄 것이다.

두 번째 방법은 생각의 전환이다.
자신에게 일어나는 일을 제어할 수는 없어도, 그 일에 대한 자신의 생각은 통제할 수 있다. 그런데 신기하게도 그 일에 대한 생각을 바꾸면 경험하는 일들도 달라진다. 생각이란 인생의 핸들과 같아서, 생각을 전환하면 인생도 다른 방향으로 흐르기 시작한다.

38

믿음이라는 힘

같은 병원에 같은 병으로 입원한 환자 두 명이 있었다. 그중 한 사람은 자신의 병이 금방 나을 것이라고 믿었고 정말로 금방 퇴원해서 집에 갈 수 있었다. 다른 한 사람은 자신이 치료하기 힘든 병에 걸렸으며 이 병원 의사들의 실력도 별로라서 병원에 있을수록 병이 더 심해질 거라고 생각했다. 그 사람은 앞에 이야기한 사람보다 더 오래 병원에 입원해 있었다. 누구의 생각이 맞는 걸까?

두 사람이 같은 절에 가서 기도를 드렸는데 이 절의 기도 효력이 좋다고 생각했던 사람은 기도한 바가 이루어졌고 그렇지 않다고 생각한 사람의 기도는 이루어지지 않았다. 누구의 생각이 맞는 걸까?

둘 다 맞다. 그렇다면 그 이유가 무엇일까? 믿는 대로 이루어지기 때문이다. 그저 믿었는데 어떻게 이루어졌을까? 스스로 확신한 것은 반드시 이루어지기 때문이다.

믿으면 보이고, 보이면 실현된다

창업을 하고 싶은데 불안한 마음을 갖고 있던 친구 세 명이 절에 가서 기도를 드리며 어찌하면 좋을지 신에게 물었다. 신은 세 사람에게 같은 계시를 내렸다. 절 뒤에 있는 화원으로 가서 가장 크고 오래된 나무를 찾으면 미래의 인생이 보인다는 것이었다.

세 친구가 나무를 찾아가니 그곳에는 희귀한 왕거미가 거미줄을 치고 있었다. 거미줄이 거의 완성된 것 같았는데 갑자기 바람이 세게 몰아친 바람에 거미줄이 망가지고 말았다. 거미는 다시 처음부터 거미줄을 쳤다. 거의 다 완성됐을 때 이번에는 하늘에서 비가 세차게 내렸다. 거미줄은 또 망가졌다. 세 친구는 각자 생각에 잠겨서 집으로 돌아갔다.

몇 년이 흐른 뒤, 세 사람은 동창의 결혼식에서 우연히 만났다. 첫 번째 친구는 여전히 축 처진 모습이었다. 두 번째 친구는 그 뒤로 직업을 바꿔서 잘 지내고 있었다. 세 번째 친구는 돈도 많이 벌고 성공한 사업가가 되어 있었다.

과거 이야기를 하다가 첫 번째 친구가 한숨을 내쉬며 말했다. "그때 신이 우리에게 보여준 왕거미의 계시 덕에 나는 무모하게 퇴사를 하면 망하리라는 것을 알았어. 그래서 같은 회사를 계속 다니고 있지. 물론 지금까지 특별히 좋아진 것 없이 살고 있어."

두 번째 친구가 놀라며 말했다. "그래? 나는 그 거미줄을 보고 이렇게 생각했어. 만약 이 거미가 날씨가 좋을 때 다시 거미줄을 친다면 고생을 줄일 수 있을 거라고. 그래서 나도 경기가 좋아지기를 기다렸다가 아예 다른 일을 시작했지. 지금은 제법 자리를 잡았어."

세 번째 친구가 두 친구의 이야기를 듣고 미간을 찡그리며 말했다. "그때 신이 거미줄을 빗대서 실패할수록 용기를 가지라는 이야기를 해준 게 아니었어? 그래서 나는 그 뒤로 용기를 내서 창업했어. 물론 수많은 좌절을 겪어야 했지만, 점차 궤도에 올랐고 이제는 회사도 안정적으로 돌아가고 있어."

· · ·

자신의 운을 행운이라고 여기든
불운이라고 여기든, 다 맞다

불경에 이런 구절이 있다. "우리의 행동은 모두 생각한 것에 대한 결과다." 성경에도 있다. "믿는 대로 이루어지리라."

인간의 본성이 선하다고 믿는 사람은 늘 착한 사람들을 만나게 되고 좋은 일이 생긴다. 반대로 인간의 본성이 악하다고 믿는 사람은 인간의 악한 면만 자꾸 보게 되고 남에 대해 의심이 많아진다. 상대를 부정적으로 바라보니 상대의 반응도 부정적으로 느껴져서 자신의 판단이 옳다고 더욱 확신한다.

같은 부서에서 일하는 두 사람이 있었다. 부서장은 두 사람에게 걸핏하면 업무와 상관없는 지시를 했다. 한 명은 팀장이 자신을 괴롭히려고 자꾸 쓸데없는 일을 시킨다고 생각했고, 다른 한 명은 팀장이 자신의 능력을 인정해서 다양한 일을 시킨다고 생각했다. 몇 년 후 전자는 여전히 쓸데없는 잡일을 하고 있고 후자는 중요한 직책을 맡게 되었다.

이런 옛말이 있다. "자신의 운을 행운이라고 여기든 불운이라고 여기든, 다 맞다." 이 말처럼 우리는 우리가 믿는 그대로를 경험하게 될 것이다.

철학으로 깨우치기

당신이 어떤 생각을 하든 그에 대한 믿음이 강하면 실제로 이루어진다.
자신이 낙관적이며 진취적인 사람이라고 날마다 생각하면 그 믿음에 따라 정말 낙관적이고 진취적으로 행동하고 생각하게 된다.
그 결과 이전과 달리 기분이 훨씬 좋아지고 부쩍 자신감이 생기는 것에 놀랄 것이다.
이를 직접 경험한 당신은 마음가짐을 바꿈으로써 어떤 놀라운 변화가 일어나는지 확실히 알게 된다.
이것이 바로 '신념의 법칙(the law of belief)'이다.

39

내 이럴 줄 알았다니까!

한 남자가 자동차를 몰고 고향에 내려가는데 갑자기 타이어에 펑크가 났다. 트렁크를 뒤져봤지만 공구를 찾을 수 없었다. 주변은 허허벌판이었고 저 멀리에 농가가 한 채 있었다. 무더운 날씨에 멀리까지 걸어가자니 달갑지 않았지만 어쩔 수 없었다.

농가를 향해 걸어가는 그의 머릿속에는 한 가지 생각뿐이었다. '생판 모르는 사람에게 설마 공구를 빌려주겠어?' 생각하면 할수록 절대 빌려주지 않을 거라는 확신이 들었다. 차도 먼 곳에 있는데, 빌려갔다가 돌려주지 않을 거라고 생각하지 않을까? 그는 계속 안 좋은 쪽으로만 생각했고, 덩달아 기분까지 나빠졌다.

농가에 도착했을 때는 이미 기분이 상할 대로 상해서 자기도 모르게 문을 너무 세게 두드리고 말았다. 그러니 집 주인은 문을 열며 이렇게 말할 수밖에 없었다. "남의 집 문을 왜 이렇게 예의 없이 마구 두드리는 거요?"

그 말에 젊은이는 공구를 빌리기는 글렀다고 생각했다. '역시 못 빌릴 줄 알았다니까!'

결국 공구를 빌리기는커녕 농가 주인과 말다툼만 하고 말았다.

우리는 안 좋은 결과를 상상하다가 정말로 일을 그르치면 이렇게 말한다. "거봐! 내 예상이 맞았잖아!" 심지어 위안으로 삼기도 한다. "기대를 안 했으니 망정이지, 기대했으면 더 비참해질 뻔했어."

· · ·

'비관적 인생관'이 '비참한 인생'을 만든다

왜 사람들은 자꾸 안 좋은 쪽으로 생각하는 걸까? 기대가 물거품이 되는 것을 두려워하는 것이 그 원인 중 하나다. 그래서 일단 '생각처럼 그렇게 쉽지는 않을 거야.'라고 기대감을 낮추고, 정말로 실패하면 자신의 예상이 맞았다며 감수해야 할 위험과 노력이 적어졌다는 것을 위안으로 삼는다.

또 다른 원인은 '인생사 열에 아홉은 뜻대로 되지 않는다.'는 믿음이 강하기 때문이다. 그래서 새로운 시도나 도전을 앞둔 사람에게 격려를 하지 않고 오히려 찬물을 끼얹는다.

"네 생각만큼 간단한 일이 아니야. 김칫국부터 마시지 마."

"경쟁자가 그렇게 많은데 네게 기회가 오겠어? 그냥 포기해."

설령 '운이 좋아서' 성공해도 대부분 자기 자신을 믿지 못한다.

"나한테 어떻게 이런 좋은 일이 생겼을까?"

야원이라는 친구도 그랬다. 대학을 졸업하고 한 회사에 취직했는데 주요 부서에 발탁되었다. 관련 경력이 없는데도 수십 명의 지원자 중에서 뽑힌 것이다. 그건 정말 쉽지 않은 일이었다. 처음에 그녀는 뛸 듯이 기뻐했다. 하지만 시간이 흐르며 조금씩 불안해졌다. '내 운이 그렇게 좋지 않을 텐데! 분명히 다음에는 안 좋은 일이 생길 거야.'

며칠 뒤 외출한 사이에 집에 도둑이 들자 그녀는 이렇게 생각했다. '내 이럴 줄 알았다니까!'

. . .

실패의 가장 큰 전조는 '실패할 거라는 예상'이다

행운이 찾아오면 우리는 이렇게 말한다. "이런 엄청난 일이 내게 일어나다니, 이게 말이 돼?"

이런 말은 찾아온 행운을 밀어내는 것과 같다. 긍정적인 예상은 긍정적인 결과를 가져오고, 긍정적인 결과는 그 예상이 정확했음을 보여준다. 마찬가지로 부정적인 예상은 부정적인 결과를 가져오고, 부정적인 결과는 부정적이었던 예상이 정확했음을 보여준다.

이런 상황은 학교에서 자주 볼 수 있다. 예를 들어, '문제 학생반'에 배정받은 학생은 정말로 자신을 하찮게 보는 경향이 있다. 선생님이 자신에게 거는 기대치가 높지 않다는 것을 알고 있는 상황에서 '문제 학생반'에 배정받기까지 했으니 좋은 성적은 물 건너갔다고 생각한다. 자기 자신에 대한 기대가 줄어들면 여러 방면으로 나쁜 영향을 미치기 마련이다. 이것이 심리학에서 말하는 '자기 충족 예언'이다. '자신에게 늘 불길한 말을 하는 것'에 대한 질문을 받은 어느 교수의 대답이다.

"그런 상황을 자주 봅니다. 어떤 학생들은 끊임없이 스스로 이렇게 말해요. '나는 절대로 시험에 통과하지 못할 거야.' 그러면 사람이 기가 죽어서 정말로 시험을 망쳐요. 필기시험에서 시험지를 받자마자 자기는 분명히 불합격이라고 생각하고, 면접에서는 면접관을 보자마자 머릿속이 뒤엉켜버리는 거죠. 이건 자기 자신에게 '실패해야 한다, 실패해야 한다'라고 주문을 거는 것과 같아요."

그렇다. 처음에는 실패에 대한 걱정이었지만 그게 지나치면 예언이 된다.

철학으로 깨우치기

실패의 가장 큰 전조는 '실패할 거라는 예상'이다. 스스로 매력이 없다고 생각하는 사람이 누구의 호감을 살 수 있을까? 스스로 가치가 없다고 생각하는 사람이 어떤 좋은 평가를 얻을 수 있을까? 반드시 패배할 거라고 믿고 있다면 그것은 자신에게 이미 패배를 안긴 것이다.

이런 말이 있다. "그 일이 정말 어려워서 우리가 자신감을 잃는 것이 아니라, 이미 자신감을 잃었기 때문에 어려워 보이는 것이다."

어려움을 극복하고 문제를 해결하는 방법은 많다. 그러나 처음부터 불가능할 거라고 생각하면 정말로 불가능해진다.

40

사람은 바라보는 곳을 향해 간다

왠지 감기에 걸릴 것 같더니 역시 다음 날 감기에 걸렸다거나 수업 시간에 선생님이 나를 지목할 것 같았는데 역시나 내 이름이 불린 경험이 누구에게나 한 번쯤은 있을 것이다.

친구와 말다툼을 하고 기분이 매우 안 좋아져 속으로 다시는 그 친구 생각을 하지 않겠다고 다짐했는데, 그날 종일 머릿속을 떠다니는 인물이 그 친구인 적도 있을 것이다.

피하려고 애쓸수록 그것은 내 머릿속에서 더 선명해진다. 못 믿겠다면 지금 바로 테스트를 해보자. 지금 여러분이 무엇을 하고 있든 절대로 분홍색 원숭이를 떠올리지 말자. 어떤가? 여러분도 방금 나처럼 분홍색 원숭이를 떠올리지 않았나?

지나친 근심은 간절한 바람이 된다

　　미국 스탠퍼드대학교에서 진행한 연구에 따르면 사람의 뇌에 떠오른 이미지는 실제 상황처럼 신경 계통을 자극할 수 있다. 골프 선수가 공을 치기 전에 속으로 '절대로 연못으로 떨어지면 안 돼.'라고 생각하면 그의 뇌에 '공이 연못에 빠지는' 모습이 떠오르고, 바람과는 달리 정말로 공이 연못에 빠지는 결과로 이어질 수 있다.

　　프로야구 중계방송을 보다 보면 "이 투수의 높은 공은 정말 치기 어렵습니다."와 같은 해설자의 말을 종종 듣는다. 사실 타자들도 다 알고 있다. 그런데도 배트를 휘두른다. '저 볼은 쳐내기 어렵다.'라고 생각하면 할수록 의식이 높은 공에 집중되어 공이 날아오는 순간 자기도 모르게 배트를 휘두르는 것이다

　　그 일이 일어나면 안 된다고 계속 걱정하고 초조해하는 것은 그 일이 일어날 수도 있다고 '예측'하는 것과 같다. 그리고 결과적으로 정말로 그 일이 일어나기도 한다. 우리는 일상에서 이런 상황과 자주 마주친다. 불면증에 시달리는 사람은 밤만 되면 또 밤을 새우게 될까 봐 불안하다. 그런데 불안해질수록 잠들기가 더욱 어렵다. 일을 시키면 성실히 안 할 것 같아서 그 직원에게 일을 시키지 않으면, 그는 해야 할 업무가 없기 때문에 나태해지고 불성실해진다. 긴장하면 허둥대서 걱정인 사람은 그런 걱정을 할수록 허둥댄다.

바라지 않는 것이 아닌,
바라는 것에 집중하라

　스카이다이빙 강습생이 부상을 당해 병원으로 이송됐는데, 그는 사고 당시의 상황을 이렇게 떠올렸다.

　"원래는 모든 것이 순조로웠어요. 착륙장을 향해 활공하며 배운 순서에 따라 조심스럽게 착륙 준비를 하고 있었지요. 그런데 갑자기 어떤 나무의 가지가 저를 향해 뻗어 있는 게 보이는 거예요. 도무지 시선을 뗄 수가 없었어요. 계속 그 나뭇가지만 보이는 거예요. 이렇게 내려가면 안 된다고 생각했는데도 계속 그쪽으로 내려가게 되더라고요."

　"왜 나무를 피하지 않았죠?" 강사가 옆에서 묻자 강습생이 대답했다. "정말 그 나무와 부딪치고 싶지 않았는데, 어쩔 수 없이 부딪쳤어요."

　강사가 말했다. "사실 나무를 피할 시간이 충분히 있었는데도 당신은 피하지 못하고 부딪치고 말았어요. 시선이 그쪽을 향해 있으니 몸도 그쪽으로 간 거죠. 만약 어느 지점에 착륙하지 않기를 바란다면, 절대로 그쪽을 바라보면 안 됩니다."

　사람은 바라보는 방향으로 가게 되어 있다. 그러므로 우리는 '원하는 대상'에 집중해야 한다. 원하지 않는 일에 초점을 맞춰서는 안 된다.

사람은 마음에 두고 있는 것을 손에 넣게 된다. 그러므로 원하지 않는 것을 밀어내려 하지 말고 내가 원하는 것이 무엇인지 생각해보고 그것에 집중하자.

실패가 두렵다면 성공에 집중하고 성공의 기쁨을 상상하자.

늙는 것이 두렵다면 젊은 마음가짐을 갖고 생기 있고 활력 있는 몸 상태를 유지하려고 노력하자.

어떤 사람이 너무 싫으면 대신 좋아하는 사람을 떠올리자.

아름답고 기대가 되는 인물이나 일, 물건에 집중하면 분명히 그쪽 방향으로 나아갈 수 있다.

41

잡초를 뽑느니 차라리 꽃을 심자

축구팀 감독이 경기 전날에 선수들을 10층 건물의 옥상으로 불렀다. 감독은 이 건물과 같은 높이의 옆 건물 사이에 긴 널빤지를 걸쳐놓더니 선수들에게 건너가라고 했다. 선수들은 아래를 내려다보더니 서로 얼굴을 쳐다보기만 하고 아무도 나서지 않았다. 감독이 다시 널빤지를 옥상 바닥에 내려놓고 그 위를 건너가라고 하자 너 나 할 것 없이 모두 가뿐하게 널빤지를 건넜다.

감독이 웃으며 선수들에게 말했다. "같은 널빤지인데 평지에 내려놓으니 가볍게 건너는구나. 그건 너희들이 정신을 이 널빤지에 집중했기 때문이다. 그런데 아까처럼 건물 사이에 놓으면 대부분 못 건너갈 거다. 그건 너희들이 널빤지 아래 상황에 정신을 빼앗겼기 때문이다."

감독은 선수들을 둘러보며 진지한 목소리로 말을 이었다. "경기에 나가서도 마찬가지다. 관중과 카메라, 또는 패배의 가능성이 아닌, 공에 집중해야 제대로 공을 찰 수 있다."

다음 날 경기에서 선수들은 감독이 말한 대로 공에 집중하여 아주 큰 점수 차로 승리했다.

결점을 감추려 하지 말고 장점을 드러내자

사람은 한 번에 한 가지에만 집중할 수 있다. 공을 받으면서 동시에 놓칠 수 없고, 경기에 집중하면서 다른 일을 생각할 수 없다. 반드시 그중 하나만 선택해야 한다.

예전에 어느 여성 성악가의 성공담을 읽은 적이 있다.

한번은 공연이 끝난 뒤 한 노신사가 무대 뒤로 그녀를 찾아와서 이렇게 말했다. "정말 천부적인 재능을 가졌군요. 그런데 지금처럼 해서는 절대로 크게 성공하지 못할 겁니다."

그녀가 의아해서 그렇게 생각하는 이유를 묻자 노신사가 대답했다. "솔직히 말하자면, 당신에게는 덧니가 있죠. 노래할 때 자꾸 그걸 감추려고 하다 보니 자기도 모르게 입술을 오므리게 돼요. 덧니는 나쁜 게 아닙니다. 그건 당신의 개성이에요. 덧니는 신경 쓰지 말고 마음껏 노래해보세요. 그러면 당신의 그 아름다운 소리가 훨씬 빛날 겁니다."

그녀는 노신사의 조언 덕분에 노래할 때의 나쁜 습관을 고치고 세계적인 성악가로 성장했다.

이것은 카메라의 렌즈가 향하는 위치에 따라 볼 수 있는 장면이 달라지는 것과 같은 이치다. 성공하고 싶다면 결점을 덮으려고 애쓰지 말고 장점을 더 발휘하려 해야 한다. 또한 빨리 건강을 회복하고 싶다면 매일 병마와 싸울 생각만 할 게 아니라 앞으로 어떻게 아름다운 삶을 살아갈지를 생각해야 한다.

암을 극복한 청년의 말이다. "암을 어떻게 치료했냐는 질문을 많이 받아요. 저는 제 병보다는 제 삶에 집중했어요. 그게 비결입니다."

그렇다. '죽기 싫다'고 생각하기보다 '이렇게 살고 싶다'라고 생각하는 게 낫지 않겠는가.

· · ·

관점을 바꾸자. 슬픈 과거를 아름다운 추억으로

연인과 안 좋게 헤어진 뒤 몇 개월째 힘들어하는 여성에게 근황을 물었다. "요즘 좀 나아졌나요?"

"전혀요. 그를 떠올릴 때마다 안 좋은 기억에 너무 괴로워요."

그녀의 말에 내가 충고했다. "차라리 현재의 슬픔에 집중해봐요. 아니면 과거에 좋았던 기억이나 즐거웠던 일을 떠올려도 되고요."

관점을 바꾸면 아픈 과거도 아름다운 추억이 될 수 있다.

지금부터 레몬을 절대로 떠올리지 말자. 레몬즙의 새콤함에 코가 찌릿해지는 느낌도 떠올리지 말자. 만약 내가 지금 당신에게 계속 레몬을 떠올리지 말라고 말하면 어떨까? 그래도 당신은 레몬을 떠올릴까? 오렌지나 다른 과일을 떠올리지 않는 한 분명히 그럴 것이다.

최근에 친구가 내게 물었다. "몇 년 동안 수없이 금연을 시도했는데 아무리 노력해도 매번 실패해. 대체 어떻게 해야 할까?"

나는 친구에게 조언했다. "끊어내야 하는 것과 싸우지 말고, 네가 원하는 것에 가까워지려고 노력해봐. 담배를 피우고 싶을 때마다 네가 좋아하는 다른 것을 해보는 거지. 음악을 듣거나 책을 읽거나 친구를 만나거나 밖에 나가 걷거나…… 일단 담배가 최대 관심사만 아니면 돼. 그러면 담배를 조금씩 잊게 될 거야."

잡초를 뽑으려 하지 말고 그곳에 예쁜 꽃을 심자.

 철학으로 깨우치기

물이 차가우면서 동시에 뜨거울 수 없는 것처럼 사람 역시 좋아하면서 싫어할 수 없고 낙관적이면서 비관적일 수 없다. 두 가지를 번갈아가며 생각할 수는 있어도 동시에 생각할 수는 없다.

그러므로 기분이 끝없이 나락으로 떨어질 때는 이런 방법을 써보는 것도 괜찮다. 긍정적인 생각을 마음에 가득 채워서 부정적인 감정이 설 자리를 없애는 거다. 마음속에 믿음이 있으면 의심이 자리할 공간이 없다. 그 사람의 좋은 점을 생각하면 나쁜 점을 떠올리지 않게 된다. 다정하게 손을 내밀면 분노의 주먹을 쥘 일이 없다. 내면에 빛을 채우면 어둠에 잠식될 수가 없다.

42

나는 반드시 저 봉우리의 북쪽 기슭에
오를 거다

화가는 캔버스에 붓을 대기 전에 작품의 전체 구도를 구상하고, 건축가는 건축물을 설계하기 전에 건축물의 전체 모습을 머릿속에 그려놓으며, 작곡가는 곡을 쓰기 전에 곡의 전체적인 흐름을 생각해둔다. 당신도 어떤 일을 완성하기 전에 마음의 눈으로 완성된 모습을 미리 보아야 한다.

"성공한 사람이라고 불리는 사람들은 대부분 목표가 완성된 모습을 미리 그려본 뒤 반복적으로 자신의 꿈이 실현된 모습을 마음속으로 그린다."

〈머피의 법칙〉으로 유명한 잠재의식의 권위자 조셉 머피 박사가 한 말이다.

목표를 이루기 전에
먼저 목표가 완성된 모습을 그리자

남자 높이뛰기 종목 올림픽 금메달리스트인 딕 포스버리는 이런 말을 했다. "매번 시합에 나갈 때마다 저는 정신을 가다듬고 마음속으로 완벽하게 성공하는 장면을 그립니다. 결점 없이 완벽하게 뛰어오르는 기분을 온몸으로 상상하는 거예요. 거기에 반드시 성공할 거라는 마음가짐까지 더해서 경기장에 섭니다. 제가 성공할 수 있었던 건 경기 전에 한 상상이 완벽했기 때문입니다."

미국의 한 피겨스케이팅 선수는 한동안 점프가 잘 되지 않아 자꾸 빙판 위에서 넘어졌다. 그런 그녀에게 코치는 그 점프를 완성하는 모습을 상상하게 했다. 몇 주 뒤 그녀는 늘 실수하던 점프에 성공했을 뿐만 아니라 연기도 완벽하게 해내게 되었다.

세계적 플루티스트인 제임스 골웨이도 비슷한 전략을 썼다. "나는 종종 호텔 방에서 플루트를 꺼내 들고 연주회 상황을 상상해보곤 한다. 카네기홀 연주를 앞두고 있다면 내가 서 있는 호텔 방이 카네기홀이라고 상상하고 연습을 하는 것이다. 그렇게 하면 진짜 카네기홀에 섰을 때 아무 문제 없이 연주할 수 있다."

외과 의사들도 수술실에 들어가기 전에 그날 진행할 수술의 전 과정을 머릿속에서 처음부터 끝까지 그려본다고 한다. 어떤 의사들은 환자에게 몸속 백혈구 대군이 암세포와 싸워 이기는 상상을 해보라고 시킨다. 그 상상이 실제로 좋은 결과로 이어지기도 한다.

그러니 만약 하루라도 빨리 소망을 이루고 싶다면, 혹은 성공하고 싶다면, 지금 당장 당신의 상상력을 발휘하기 바란다.

. . .

그 일이 성사되기 전에
반드시 먼저 믿어야 한다

예전에 다이어트 동호회의 회원들에게 강의한 적이 있었다. 그들의 문제는 스스로 비만의 이미지가 굳게 박혀 있다는 데 있었다. 그래서 나는 그들에게 눈을 감고 날씬하고 예뻐진 자신의 모습을 상상해보라고 했다. 또한 입고 싶었던 옷을 사는 장면이나 가정과 회사에서 달라져 있을 자신의 모습을 상상해보도록 했다.

졸업을 앞둔 학생들은 취업 면접에 대한 걱정이 많다. 그런 학생들에게는 면접의 모든 과정을 머릿속으로 그려보도록 권한다. 그날 입은 옷과 자신의 기분, 면접장에서 편안하고 자신감 있게 임하는 모습, 그리고 자신은 능력이 있으며 지원하는 분야에 충분히 어울리는 사람임을 어필하는 모습까지 찬찬히 상상해보라고 한다.

나중에 이 방법이 효과적이었다고 이야기한 다이어트 동호회 회원들과 학생들이 꽤 많았다.

이 방법을 효과적으로 활용하기 위해서는 as if, 즉 '내가 만약 어떻다면'이라는 가정에 익숙해야 한다. 예를 들면 이런 것이다. '내가 매력 있는 사람이라면?' '내가 자신감이 넘치는 사람이라면?' '내가 경기에서 이긴다면?' '내가 목적지에 다다른다면?' …… 사람들은 눈으로 본 것을 반드시 믿지는 않지만, 믿고 있는 것은 반드시 보게 된다.

오래전에 국제적 규모의 탐험대가 세계에서 손꼽히는 높은 봉우리의 등반을 시도한 적이 있다. 당시에는 아무도 성공한 적이 없는 굉장한 도전이었다. 기자들은 세계 각지에서 온 대원들에게 몰려가서 인터뷰를 했다.

한 기자가 어느 대원에게 물었다.

"저 봉우리에 오르실 거죠?"

그 대원이 대답했다. "제 모든 것을 쏟아부을 겁니다."

또 다른 대원도 비슷한 질문에 이렇게 답했다. "저는 최선을 다할 겁니다."

그런데 그중 젊은 미국인 대원은 같은 질문을 받자 산을 한번 바라보더니 이렇게 대답했다.

"그렇습니다. 저는 저 봉우리의 북쪽 기슭에 제 발자국을 확실하게 남길 거예요."

결과적으로 그 봉우리에 오른 사람은 단 한 명, 이 젊은 대원뿐이었다. 그는 시작하기 전에 이미 목표를 이룬 자신의 모습을 보았기 때문이다.

철학으로 깨우치기

신념에 의해 인생의 성공을 이루는 새로운 사고법으로 유명한 로버트 슐러 박사는 이런 말을 했다. "'내 눈으로 봐야 믿지.'라고 말하는 사람이 많지만 나는 '믿어야 볼 수 있지.'라고 말한다. 그 일이 성사되기 전에 반드시 먼저 믿어야 한다. 일단 믿고 나면 분명히 보인다."

지금 바로 연습해보자.

1. 조용한 장소를 찾는다.
2. 마음을 차분하게 가라앉히고, 의식과 몸을 편안하게 풀어준다.
3. 어떤 소망이 실현되기를 바라는지, 자신에게 어떤 적극적인 행동이 생기기를 바라는지 스스로 반복해서 묻는다.
4. 그것을 이뤄낸 모습을 머릿속으로 '본다'.
5. 머릿속으로 본 그 장면을 각인시켜놓고 그게 자신의 삶의 일부분이 된 상상을 한다.
6. 새롭게 성취하고 만들어낸 것에 흠뻑 빠진다.

자신이 바라는 모습이 미래에 반드시 나타난다고 상상하면, 전혀 예상하지 못한 힘이 솟아나서 당신의 꿈을 이룰 수 있게 해준다. 이것이 바로 상상력이 만들어내는 마법이다.

우리는 사소한 것을 소홀히 하곤 한다.
별것 아닌 작은 일이니 심각한 결과를 낳지 않을 거라며
작은 문제를 얕본다. 그러나 넓은 호수도 한 방울의 물이 모여 만들어진다.
작은 일에서도 중심을 잡지 못하면 더 큰 일에서 자신을 지켜낼 수 없다.
커다란 나무가 작디작은 흰개미에게 조금씩 갉아먹히고 있었으니,
나무가 쓰러지는 것도 언젠가는 일어날 수밖에 없는 일이었다.

PART 8

당신의 행동들

43

습관이 당신을 망친다

담배를 피우는 친구들이 보이면 멀리 피해버리는 고등학생이 있었다. 흡연이 건강에 해롭기도 하고, 또 괜히 어울렸다가 선생님께 걸릴까 봐 무서웠기 때문이다.

어느 날 이 학생이 친구들과 만나서 노는데 몇몇 친구들이 담배를 피우기 시작했다. 그중 한 명이 그에게 담배를 권했지만, 그는 거절했다. 그러자 그 친구가 말했다. "한 모금만 빨아봐. 그런다고 안 죽거든?"

친구의 끈질긴 권유에 한 모금 빨아봤는데, 사레가 들어 눈물 콧물이 다 났다. 이렇게 괴로운데 왜 담배를 피우는지 그는 이해할 수 없었다. 며칠 뒤 그 친구가 또다시 담배를 권했다. 기침이 나서 못 피우겠다고 거절했지만 친구는 계속 권유했다. "처음만 그렇지 두 번째부터는 괜찮아."

그는 반신반의하며 다시 한 모금을 빨아봤다. 여전히 기침은 났지만 확실히 지난번보다 나았다.

그렇게 한 번 두 번 담배를 접하다가 결국 그는 담배를 피우는 학생이 되었다. 자주 경험하다 보니 괴로움도 습관이 되어 익숙해진 것이다.

. . .

나쁜 습관이 생겼다고 느꼈을 때는
이미 습관이 굳어진 뒤다

플라톤은 빈둥거리는 청년에게 경고했다. "습관으로 굳어지면 다시는 바꿀 수 없어."

그 청년이 대답했다. "어쩌다 한 번인데, 뭐 어때요?"

청년의 말에 플라톤이 단호하게 말했다. "그건 아니지. 한 번이 두 번이 되고, 그러다 습관이 되면 결코 사소하게 볼 수 없네."

욕하고, 짜증내고, 핑계를 대고, 군것질하고, 구부정하게 앉고, 술과 담배를 하고, 도박에 빠지는 것이 다 그렇다. 처음에는 별생각 없이 가볍게 하는 행동이지만, 빈번해져서 어느새 몸에 배었다고 느낄 때는 이미 그 습관이 굳어진 뒤다.

습관이 무서운 이유가 바로 그것이다. 우리는 늘 자유를 추구하지만, 자꾸 나쁜 습관이 들면 그것의 노예가 되어 자유를 누릴 수 없다.

자신을 통제할 수 없는 사람은
자유를 누릴 수 없다

미국의 석유 재벌 진 폴 게티의 이야기다.

제2차 세계대전 당시 그가 프랑스에 있었을 때의 일이다. 어느 날 새벽 두 시에 자다가 담배 생각이 나서 일어나 불을 켰다. 습관 적으로 탁자 위에 올려둔 담뱃갑을 향해 손을 뻗었지만 담뱃갑은 비어 있었다. 옷 주머니도 뒤져봤지만 담배를 찾지 못했다.

그는 한숨을 내쉬며 침대에서 내려와 겉옷을 걸치고 쏟아지는 비로 진창이 된 길로 나섰다. 빗속을 뚫고 1마일 떨어진 야시장에 가야 담배를 살 수 있을 터였다. 20분이나 걸었지만 아직 반밖에 가지 못했고, 그의 다리에는 엉망으로 튄 진흙이 여기저기 묻어 있었다. 그 순간 그는 벼락 맞은 사람처럼 갑자기 걸음을 멈추더니 고개를 들어 비가 쏟아지는 하늘을 올려다봤다. 그러고는 천둥소리에 맞서 소리쳤다. "내가 지금 뭘 하고 있는 거야!"

진 폴 게티는 이때 처음으로 습관이 얼마나 무서운지 깨달았다. 그리고 이 일을 계기로 담배를 끊었다.

고대 그리스 철학자 피타고라스는 이렇게 말했다. "자신을 통제할 수 없는 사람은 자유를 누릴 수 없다."

나쁜 습관이 몸에 배어 고질병이 되기 전에 얼른 그 습관을 없애야 한다.

첫술에 배부를 수는 없다지만, 한 숟가락씩 먹다 보면 배가 불러진다. 영국의 시인이자 극작가, 비평가인 존 드라이든은 습관에 대해 이런 명언을 남겼다. "처음에는 우리가 습관을 만들지만, 나중에는 습관이 우리를 만든다."

좋은 습관은 쉽게 만들어지지 않지만 한번 습관으로 자리 잡으면 평생 도움이 된다. 나쁜 습관은 쉽게 만들어지지만 한번 자리 잡으면 평생을 괴롭힌다. 좋은 습관은 인생의 훌륭한 동반자가 되어주지만 나쁜 습관은 최악의 파트너가 되어 우리 인생을 뒤흔든다.
어떤 습관을 가질지는 당신에게 달렸다.

44

사실 딱 한 번만 허리를 숙이면 됐었다

길을 걷다 보면 신발 안에 작은 돌멩이가 들어올 때가 있다. 바로 꺼내버리면 그만인데, 그게 귀찮아서 불편한 채로 그냥 걷곤 한다. 심할 때는 발에 통증이 오거나 염증이 생기기도 한다.

우리는 애초에 일어나지 않을 수도 있었던 일을 일어나도록 내버려둔 적이 얼마나 많은가? 없애버려야 한다는 것을 알면서도 귀찮아서 모르는 척하고 내버려두는 바람에 별것 아닌 일을 복잡하게 만든 적은 또 얼마나 많은가?

금방 끝낼 수 있는 과제를 시간을 질질 끌다가 막판에 대충 해서 결국 처음부터 다시 해야 하는 학생들이 있다. 기말고사를 앞두고 조금만 고생하면 됐을 텐데 그걸 열심히 준비하지 않아서 재시험이나 낙제 같은 더 심한 고생을 하게 되는 학생도 있다. 지인과 오해가 생겼을 때 바로 해명하고 오해를 풀면 됐을 텐데 차일피일 미루다가 결국 어색하고 불편한 관계로 남거나, 공과금을 내는 것을 미뤄서 과태료를 물고 연체 기록까지 남기는 일도 허다하다. 몸에 이상 증상을 느꼈는데 바로 병원에 가지 않아서 큰 병으로 키우는 경우도 있고, 이물질이 묻은 옷을 바로 세탁하지 않아서 옷에 얼룩이 생기는 경우도 흔하다.

. . .

귀찮음이 더 귀찮은 일을 만든다

낮에는 수업을 듣고 저녁에는 편의점에서 아르바이트를 하는 대학생이 있었다. 아르바이트가 끝나고 숙소로 돌아오면 너무 피곤한 나머지 머리만 베개에 대면 바로 잠들었다. 바쁘고 피곤한 일상에 귀찮음까지 더해져서 갈아입은 옷을 빨래 바구니에 던져놓기만 하고 며칠이 지나서 바구니가 꽉 차면 그제야 한꺼번에 세탁하곤 했다. 반년 정도 지속되다 보니 이런 습관이 굳어졌다.

어느 날 옷을 살펴보니 얼룩이 있기에 손으로 비벼서 빨았는데 아무리 해도 얼룩이 지워지지 않았다. 고민하다가 누레진 옷들을 모두 대야에 담고 표백제를 부어 몇 시간을 기다렸다. 얼룩이 조금 연해지기는 했지만 완전히 지워지지는 않았다. 결국 세탁소에 가서 지울 수 있을지 문의했다.

세탁소 사장은 이렇게 말했다. "옷을 바로 세탁하지 않고 일주일 이상 방치하면 옷에 묻은 때가 조금씩 스며드는데 이렇게 반복해서 때가 찌들면 어떻게 해도 지워지지 않아요."

귀찮아서 게으름을 피운 것에 대한 대가다. 귀찮음이 더 귀찮은 일을 만든 것이다.

· · ·

긴 머리카락을 굳이
여러 번 나눠서 자를 필요가 있는가

괴테의 작품에 이런 이야기가 나온다.

예수가 제자 베드로를 데리고 먼 길을 가던 도중에 낡은 말굽을 발견하여 베드로에게 그것을 주워 오라고 했다. 하지만 허리를 숙이기 귀찮았던 베드로는 예수의 말을 못 들은 척했다. 이에 예수는 직접 말굽을 주워 대장간에 가져가서 팔고 그 돈으로 앵두 한 봉지를 샀다.

마을을 벗어나자 길이 갈수록 황량해졌다. 베드로의 발걸음이 점점 느려지더니 숨이 차는지 헐떡이며 연신 손으로 부채질을 했다. 예수는 베드로가 갈증이 나는 것 같아서 소매 속에 넣어두었던 앵두 한 알을 꺼내서 바닥에 떨어뜨렸다. 베드로는 보자마자 얼른 주워서 입에 넣었다. 예수는 걸어가며 앵두를 한 알씩 떨어뜨렸고, 그때마다 베드로는 허겁지겁 허리를 숙여 앵두를 주워 먹었다.

예수가 마지막 한 알을 꺼내어 베드로의 눈앞에 보이며 미소를 지었다. "아까 내가 부탁한 대로 했으면 허리를 그때 한 번만 숙였을 것 아니냐."

그렇다. 긴 머리카락을 자르는데 굳이 여러 번 나눠서 자를 필요가 있을까.

철학으로 깨우치기

사람들이 고통에서 벗어나기 위해 가장 많이 쓰는 방법이 '미루는 것'이다. 그러나 미룬다고 고통이 줄어드는 건 아니다. 오히려 고통스러운 시간만 더 길어질 뿐이다.

과거에 그런 식으로 일을 미룬 적이 있다면 어떤 일인지 적고, 아래의 질문에 답해보자.

1. 나는 왜 바로 행동으로 옮기지 않았나? 힘들고 괴로울 것 같아서 그랬나?

2. 좋지 않은 행동을 계속하는 이유가 무엇일까?

3. 지금 고치지 않는다면 앞으로 어떤 대가를 치르게 될까? 결과가 어떨까?

4. 지금 고친다면 어떤 점이 좋아질까?

45

작은 것, 낮은 곳부터 생각하자

미국 콜로라도주의 롱스피크에 있는 큰 나무가 쓰러졌다. 식물학자들은 이 나무의 나이가 4백 살 정도로, 콜럼버스가 신대륙에 상륙했을 때는 새싹이었을 것이고 영국 청교도들이 플리머스에 발을 디뎠을 때는 작은 나무 정도였을 거라고 했다. 그 작았던 나무가 커다란 나무로 성장하는 과정에서 열네 번의 벼락을 맞았고 무수한 비바람을 맞았으나 그 모든 것을 견뎌내며 흔들림 없이 굳건하게 서 있었다.

높은 봉우리 위에서 한결같이 늠름하게 서 있던 나무가 어째서 갑자기 굉음을 내며 쓰러진 것일까? 무엇이 이 나무를 쓰러뜨렸을까?

그것은 비바람도 벼락도 아닌 작디작은 흰개미였다. 나무에 기생하는 개미 떼가 속으로 파고 들어가 조금씩 갉아먹어서 결국은 그 큰 나무가 버티지 못하고 쓰러진 것이다.

만약 나무에 인지능력이 있다면, 자기를 무너뜨린 상대가 다른 것도 아닌 작은 곤충일 줄은 꿈에도 생각지 못했을 것이다.

· · ·

호수는 물 한 방울이 모여 만들어진다

우리는 사소한 것을 소홀히 여기곤 한다. 별것 아닌 작은 일이니 심각한 결과는 일어나지 않을 거라며 작은 문제를 얕본다. 그러나 호수는 물 한 방울이 모여 만들어진다.

야식을 먹으면 건강이 나빠지고 살도 찐다는 사실을 분명히 알면 서도 그 순간에는 이렇게 생각한다. '조금만 먹는 거니까 괜찮을 거야. 살이 찌면 빼면 되지, 뭐!' 몇 달이 지나고 몇 년이 지난 뒤, 입던 옷이 작아지고 높아진 콜레스테롤 수치를 확인하고 나서야 비로소 상황의 심각성을 깨닫는다.

담배가 건강에 해롭다는 사실은 누구나 알고 있지만 담배를 피우는 사람들은 이런 식으로 자기합리화를 한다. "담배 한 개비 피운다고 폐암에 걸리는 건 아니잖아? 오래 피운 사람이나 폐암에 걸리는 거야." 그렇게 몇 년 동안 담배를 피우다가 문득 건강이 염려되어 담배를 끊으려다가 또다시 이런 식으로 자기합리화를 한다. "담배 피우는 사람들이 모두 폐암에 걸리는 건 아니잖아. 안 피우는 사람도 암에 걸려!" 그리고 계속 담배를 피운다.

뉴스에 나오는 경제범들도 처음부터 큰돈을 건드린 건 아니다.

수십만 원, 수백만 원으로 시작했다가 수천만 원, 수억 원이 된 것이다. '이 정도 몰래 챙기는 건 아무도 모를 거야.' 이렇게 여기다가 탐나는 기회가 생기면 욕망을 이기지 못하고 범죄를 저지른다.

냄비 안의 개구리 이야기가 있다. 냄비 안의 개구리는 원래 폴짝 뛰어올라 밖으로 나갈 수 있었다. 그런데도 탈출하지 않고 물에 삶아진 이유는 무엇일까? 처음에는 물이 별로 뜨겁지 않았기 때문이다. 물의 온도가 조금씩 올라가서 개구리가 뜨겁다고 느꼈을 때는 이미 늦은 뒤였다.

· · ·

작은 일에도 버텨내지 못하면
더 큰 일에서 자신을 지켜낼 수 없다

경제적으로 어려움이 있었던 어느 여대생이 회계 담당 직원을 모집한다는 광고를 보고 지원을 했다. 그런데 면접 장소에 도착해보니 그곳은 유흥주점이었다. 바로 발길을 돌리려는 그녀를 사장이 잡았다. "걱정하지 마세요. 절대 당신에게 술을 따르라고 하지는 않을 겁니다. 간단한 회계 업무만 봐주면 돼요. 요즘 일자리 구하기도 어렵잖아요. 게다가 우리는 급여도 높은 편이에요. 한번 잘 생각해보세요."

가만히 생각해보니 사장의 말도 일리가 있는 것 같아서 그녀는 이 술집에서 일을 하기로 했다. 그런데 2개월 뒤에 사장이 홀 서빙을 제안했다. 단번에 거절하는 그녀에게 사장이 말했다. "우리 가게의 서버들은 서빙하고 룸만 치우면 돼요. 술은 마시지 않아요. 일은 쉬운데 급여는 지금의 두 배예요."

잠시 고민한 그녀는 지금보다 돈을 더 벌 수 있으면 좋을 것 같아서 그렇게 하기로 했다. 또 2개월이 지났을 때 이번에는 사장이 도우미를 해보라고 권유했다. 그녀는 고개를 저었지만 사장은 이번에도 그녀를 설득했다. "직접 봐서 알잖아요. 우리 가게는 손님하고 따로 나가라고 하지 않아요. 예쁜 옷 입고 앉아서 손님과 노래 부르고 술 조금 마시면 지금보다 두 배나 더 벌 수 있어요. 거기에 팁도 챙기잖아요!"

그녀는 돈의 유혹을 뿌리치지 못하고 제안을 받아들였다. 그렇게 두 달이 또 지났고, 다른 도우미 아가씨들이 따로 손님과 만나며 돈도 두둑이 챙기고 명품으로 휘감고 다니는 것을 보니 조금씩 부러워지기 시작했다. 그리하여 그녀도 다른 아가씨들과 같은 길을 가기 시작했다. 그리고 금방 그 술집의 얼굴이 되었다.

어느 날 그녀는 모집 광고를 보고 찾아온 여성에게 사장이 하는 말을 우연히 듣게 되었다. "걱정하지 말아요. 그냥 회계만 보면 돼요. 절대로 술 따를 일은 없어요……."

그제야 그녀는 자신이 원래 회계 담당으로 들어왔다는 사실을 떠올렸다. 불과 몇 달 전 일이었다.

작은 일에서도 중심을 잡지 못하면 더 큰 일에서는 자신을 지켜낼 수 없다. 커다란 나무가 작디작은 흰개미에게 조금씩 갉아먹히고 있었으니, 나무가 쓰러지는 것도 언젠가는 일어날 수밖에 없는 일이었다.

철학으로 깨우치기

모든 행동에는 그에 상응하는 결과가 따른다. 또한 그것은 그 행동을 하는 당시에 이미 결정된다. 그러므로 어떤 일을 하려고 할 때는 그에 따른 결과가 어떨지 반드시 생각해보고 행동하자.

담배를 피우고 싶을 때는 앞으로 매일 이렇게 담배를 피우면 몇 년 후에 어떻게 될지 생각해보자. 매일 습관적으로 야식을 먹는 사람은 그러다가 자신의 몸매와 건강이 어떻게 될지 생각해보자. 콜라 캔을 아무 곳에나 버리기 전에 다른 사람들도 모두 나처럼 버리면 환경이 어떻게 될지 생각해보자.

이상과 포부를 포기하고 싶을 때는 하는 일마다 이렇게 끈기 없이 포기하면 내 인생이 어떻게 될지 생각해보자. 정말로 나는 그런 결과를 원하는 걸까? 그게 아니라면 지금 하려고 했던 그 행동을 당장 멈추고 변화해야 한다.

46

가장 확실한 자기소개서

늘 최선을 다하고 용감하게 나서며 선행을 베푸는데 아무도 알아주지 않아서 기운이 빠진 적이 있는가? 누가 시키지 않아도 공간을 깨끗하게 정리하고, 친구가 트집을 잡아도 언쟁하려 하지 않고, 사람을 만나면 먼저 인사를 건네고, 바닥에 떨어진 쓰레기를 줍고, 버스에서는 노약자나 임산부에게 먼저 자리를 양보하지만 아무도 당신의 선행을 알아주지 않아서 서운한 적은 없는가? 그런 감정을 느끼면 서행을 해봤자 당신에게는 좋을 것도 없는 것 같아서 때로는 그만하고 싶기도 할 것이다.

그런데 반대로 당신이 어떤 나쁜 행동을 하거나 남과 좋지 않은 관계로 지내면 누구의 기분이 나빠질까? 선행을 베풀고 좋은 일을 하면 뿌듯하고 기분이 좋다. 이 좋은 감정은 누가 느끼는 것인가? 바로 우리 자신이다. 옛 선현들이 그토록 미덕을 강조한 이유가 바로 여기에 있다. 아름다운 행동은 그 자체로 아름다운 감정을 가져오며 절대로 후회의 감정이 생기지 않는다. 만약 후회스럽다면, 그 것은 당신에게 다른 목적이 있었다는 뜻이다.

다른 사람이 나의 선행을 알아주는지 신경 쓸 필요가 없다. 내가 누구를 위해 무엇을 했는지 시시콜콜 따질 필요도 없다. 당신이 하는 모든 일이 현재의 당신을 만들고 있다. 선행을 함으로써 가장 큰 이득을 보는 사람은 바로 당신 자신이다.

· · ·

당신이 하는 모든 행위가
당신이 어떤 사람인지 보여준다

'최고의 자기소개서'라는 제목의 글 속에 마침 내가 전하고 싶은 이야기가 있어서 소개한다.

한 회사 대표가 직원을 채용하는데, 50명이 넘는 지원자 가운데 어린 남자 한 명만 합격시켰다. 면접관으로 참여했던 그의 친구가 의아해하며 물었다. "왜 그 사람을 고른 거야? 제대로 된 자기소개 서도 없고 누가 추천한 지원자도 아니었잖아?"

그러자 대표가 대답했다. "아니야. 그 친구는 자기소개서를 제대 로 가져왔어. 사무실에 들어올 때 문을 조심스럽게 닫았지? 작은 일 에도 신중하다는 뜻이지. 뒤이어 몸이 불편한 사람이 들어오니까 바로 일어나서 자리를 양보했잖아? 예의가 있고 남을 배려할 줄 안다는 뜻이지. 대화를 나누며 살펴보니 옷도 단정하게 입었고 머리도 가지런히 빗었더군. 손톱도 깔끔하게 손질되어 있었어. 이 모든 것이 더할 나위 없는 자기소개서가 아닌가?"

미국의 시인 롱펠로는 이런 말을 남겼다. "우리는 우리가 할 수 있다고 생각하는 것으로 우리 자신을 평가하지만, 다른 이들은 우리가 이미 이룬 것으로 우리를 평가한다."

한 사람에 대한 가장 훌륭한 자기소개서는 그에게서 보이는 모든 행동이다. 행동을 보면 그가 어떤 사람인지 알 수 있기 때문이다.

· · ·

머리카락 한 올에도 그림자가 있거늘,
사소한 일이라도 그냥 넘어가면 안 된다

미국의 제25대 대통령 윌리엄 매킨리가 대사를 임명한 과정에서도 비슷한 상황이 있었다. 대통령 고문단이 학력과 경력이 비슷한 두 후보를 제안했는데, 매킨리 대통령은 두 후보의 이름을 보자마자 곧바로 한 사람의 이름을 지워버렸다.

매킨리 대통령이 하원의원 시절에 업무 때문에 버스를 탄 적이 있었다. 그런데 그때 무척이나 피곤해 보이는 어느 부인이 두 손 가득 짐을 들고 버스에 올라탔다. 그리고 대통령이 이름을 그어버린 그 후보자가 앉아 있던 좌석 앞에 섰는데, 그는 들고 있던 신문으로 슬쩍 얼굴을 가리며 그 부인을 못 본 척했다. 뒷좌석에 앉아 있던 매킨리 대통령은 이 모든 상황을 지켜보았고, 안타까운 마음에 그 부인에게 자리를 양보했다.

나중에 매킨리 대통령은 지인에게 아마 그 사람은 자신의 사소한 행동이 영광스러운 자리와 눈부신 미래를 앗아갔다는 사실을 꿈에도 생각하지 못했을 거라고 말했다.

이 이야기에서 알 수 있듯이 나의 선행을 아무도 알아주지 않는다고 속상해하지 말자. 그보다는 하지 말아야 할 행동을 하고 있지는 않은지 더 주의 깊게 생각하고 매사에 조심하자.

작가 켄트 키스의 〈역설의 십계명〉은 지난 30여 년 동안 전 세계적으로 널리 읽힌 유명한 인생 지침이다. 여기서 독자들과 공유해보고 싶다.

1. 사람들은 논리적이지 않고 불합리하며 자기중심적이다. 그래도 사랑하라.

2. 당신이 좋은 일을 하면 당신에게 다른 의도가 있을 거라고 생각하기도 한다. 그래도 좋은 일을 하라.

3. 당신이 성공하면 거짓 친구들과 진정한 적을 만나게 될 것이다. 그래도 성공하라.

4. 오늘의 선행이 내일이면 망각될 것이다. 그래도 선행을 베풀어라.

5. 정직하면 상처를 입을 수도 있다. 그래도 정직하라.

6. 원대한 꿈을 가진 이는 그렇지 않은 사람들에게 공격을 당하기도 한다. 그래도 원대한 꿈을 가져라.

7. 사람들은 약자를 동정하면서도 강자를 따른다. 그래도 약자를 위해 싸워라.

8. 몇 년에 걸쳐 이뤄온 것이 한순간에 무너질 수도 있다. 그래도 계속 이뤄가라.

9. 사람들은 도움을 원하고도 정작 도와주면 비난하기도 한다. 그래도 도와주라.

10. 당신이 가진 최고의 것을 세상에 내주었음에도 비난받고 좌절할지 모른다. 그래도 최고의 것을 계속 세상에 내주어라.

47

그들과 당신의 가장 큰 차이

한 교사가 학생들과 야외로 나들이를 갔다가 강을 건너던 중 실수로 물에 빠지고 말았다. 수영을 할 줄 몰랐던 교사는 물속에서 발버둥질 치며 살려달라고 소리를 질렀다. 그때 바로 앞에서 낚시를 하던 사람이 있었는데, 살려달라는 소리에 손을 뻗어주기는커녕 낚싯대를 챙겨 자리를 뜨는 것이 아닌가! 다행히 바로 학생들이 달려와 도와줘서 목숨을 구할 수 있었다.

학생들은 이구동성으로 낚시꾼을 비난했다. "사람이 물에 빠졌는데 구해주지 않다니! 정말 너무합니다!"

그러나 낚시꾼은 태연한 표정으로 말했다. "이상하네? 아는 사람도 아니고, 구해준다고 나한테 이득이 생기는 것도 아닌데 내가 왜 저 사람을 구해줘야 하지?"

학생들은 화가 머리끝까지 나서 그에게 계속 따지고 싶었지만 교사가 말리는 바람에 참아야 했다.

얼마 뒤 그 낚시꾼도 강을 건너다가 똑같이 물에 빠졌는데, 그 역시 수영을 못해서 발버둥질 치며 살려달라고 소리를 질렀다. 근처 강가에서 산책하고 있던 교사와 학생들은 멀리서 들려오는 소리에 달려가 긴 장대로 그를 구조했다.

그런데 구조된 사람의 얼굴을 확인한 학생들이 바로 후회하며 소리쳤다. "이 사람인 줄 알았으면 구해주지 않았을 겁니다!"

그러자 교사가 학생들의 어깨를 두드리며 담담하게 말했다. "아니다. 이것이 바로 저 사람과 우리가 다른 점이다."

. . .

그렇게 행동하지 않으면 그건 내가 아니다

'저 사람은 나에게 잘해주지 않는데, 왜 나는 저 사람에게 잘해줘야 하나?'

'그 사람은 나를 도와주지 않았는데, 나는 왜 도와줘야 하나?'

종종 이런 의문이 생긴다. 그러나 만약 당신이 그 사람과 똑같이 행동한다면, 당신과 그 사람의 다른 점이 무엇이겠는가. 나에게 잘해주는 사람에게 나도 잘하기는 아주 쉽다. 진짜 '좋은 사람'은 자신에게 잘 못하는 사람에게도 잘하는 사람이다.

이렇게 생각하는 사람도 있을 것이다. '보답을 바라는 것이 잘못된 생각인가?' 물론 잘못된 생각은 아니다. 그러나 우리가 베풀고 전하는 모든 것이 단지 되돌려받기 위한 것이라면, 물건을 사고파는 거래와 뭐가 다르겠는가.

또한 상대방의 보답 수준에 의문을 품기도 한다. 상대방의 보답이 만족스럽지 않으면 우리는 그가 보답할 줄 모른다고 여긴다. 고생만 하고 좋은 소리도 못 들을 텐데 굳이 그를 위해 계속 좋은 일을 할 이유가 무엇인지 회의감이 드는 것이다.

나는 이렇게 생각한다. 우리는 모두 자기만의 원칙이 있고 그것을 지키며 살아간다. 자신의 원칙을 지키기 위해 그렇게 행동하는 것일 뿐, 여기에 상대방의 반응이나 보답은 중요하지 않다.

· · ·

당신이 자신을 정의하듯,
남들도 자기 자신을 정의한다

한 수녀가 고아원 기부금을 모으기 위해 어느 인색한 부자를 찾아갔다. 그날따라 부자는 투자한 주식이 하한가로 떨어져 기분이 매우 나쁜 상태였다. 그는 하필 이런 날 오냐며 버럭 화를 내더니 수녀의 뺨을 때리기까지 했다. 그런데 이 수녀는 화를 내지도 않고 따지지도 않으며 미소를 지은 채 가만히 서 있기만 했다.

부자는 더욱 화가 나서 욕설을 퍼부었다. "아직도 안 꺼지고 뭐 하는 거야!"

그러자 수녀가 말했다. "제가 오늘 온 이유는 고아 아이들을 위한 기부를 부탁드리기 위해서입니다. 저는 선생님께서 제게 주신 선물을 받았지만 아직 아이들은 선물을 받지 못했네요."

그 말에 감동한 부자는 그 후 매달 고아원에 기부금을 보냈다.

내가 어떤 사람인지 자아가 확실하면 '나는 이런 사람이기에 기꺼이, 후회 없이 이렇게 할 수 있다.'는 마음을 갖게 된다. 자원봉사자들이 그렇다. 사람들은 그들의 일을 두고 고생스럽고 힘든 일이라고 생각하지만, '나는 이런 일을 기꺼이 하는 사람이야. 그게 바로 나야.'라는 생각이 마음에 자리 잡고 있으면 그 어떤 것도 문제가 되지 않는다. 남들이 고마워하지 않고, 심지어 비난하더라도 상관없다. 이것이 바로 나와 저들의 차이이기 때문이다.

철학으로 깨우치기

당신은 자신이 어떤 사람이라고 생각하는가?
당신이 정직한 사람이라면 스스로 이렇게 물어보자. "내가 정직하고 정의감이 넘치는 사람이라면 나는 어떤 행동을 할까?"
선의를 베푸는 사람이라면 이렇게 물어보자. "내가 사랑이 많고 마음이 넓은 사람이라면 나는 어떻게 처신할까?"
만약 당신이 종교를 믿는 신자라면 이렇게 물어보자. "만약 내가 예수라면, 만약 내가 부처라면, 나는 어떻게 반응할까?"
스스로가 어떤 사람인지 정확히 알면 다른 사람이 어떻게 하든 상관하지 않게 된다. '나는 이런 사람'이기 때문이다.

48

베푼 만큼 돌아온다

한 아이가 아빠와 산길을 걷다가 넘어졌는데 자기도 모르게 큰 소리로 "아!" 하고 비명을 질렀다. 그런데 놀랍게도 먼 곳 어딘가에서 "아!" 하는 똑같은 소리가 들려오는 것이 아닌가.

아이는 호기심에 큰 소리로 "누구세요?"라고 물었다. 그러자 똑같이 "누구세요?"라는 대답이 돌아왔다. 아이가 화가 나서 "멍청이!"라고 소리치자 이번에도 "멍청이!"라는 같은 소리가 들려왔다.

아이는 신기해서 아빠에게 물었다. "왜 이러는 거예요?"

아빠가 웃으며 말했다. "아들, 잘 들어봐." 그러더니 큰소리로 외쳤다. "잘 지내죠?" 그러자 이런 소리가 돌아왔다. "잘 지내죠?"

아빠는 또 한 번 외쳤다. "당신 아주 멋져요!" 그러자 대답이 돌아왔다. "당신 아주 멋져요!"

여전히 의아해하는 아들에게 아빠가 설명해주었다. "보통은 이것을 '메아리'라고 부른단다. 그런데 사실은 이게 바로 '인생'이야."

당신이 그 사람을 그렇게 대하면
그 사람도 당신을 그렇게 대한다

우리가 보낸 것은 결국 우리에게 돌아온다. 그것이 인생이다. 만약 당신이 저주를 퍼부으면 당신에게 그 저주가 돌아온다. 당신이 누군가에게 악담을 하면 그 사람도 당신에게 악담을 한다. 당신이 누군가에게 상처를 주면 언젠가는 그가 당신에게 같은 상처를 줄 것이다. 당신이 그 사람을 그렇게 대하면 그 사람도 당신을 그렇게 대한다.

어느 농장에 방문객과 직원들의 식사를 담당하는 요리사가 있었는데, 말수는 적지만 늘 얼굴에 미소를 띠고 있었다. 그런데 농장의 목동들은 요리사에게 자주 장난을 쳤다. 요리사의 침대에 쥐나 뱀을 올려놓기도 하고 장화 속에 두꺼비를 넣어두기도 했다. 요리사는 이런 악의적인 장난에 매번 놀랐지만 금방 평정을 되찾곤 했다.

그러던 어느 날 저녁, 목동들은 요리사가 끓인 수프를 맛있게 먹고 있었는데 그중 한 명이 요리사에게 물었다. "매번 우리가 놀리고 장난치는데 왜 한번도 화를 내지 않아요?" 그러자 요리사가 미소를 지으며 대답했다. "수프에 늘 침을 뱉거든요."

우리가 하는 모든 행동은 그에 따른 결과를 피할 수 없다. 일어난 결과에는 반드시 특정한 원인이 있으며, 발생하는 모든 일에는 명백한 이유가 있다. 이것이 바로 인과법칙이다.

. . .

마지막에 당신이 얻는 것은
당신이 베푼 것들이다

얻고 싶은 결과가 있을 때는 그런 결과를 얻은 사람들이 어떻게 하는지 보고 배워서 똑같이 해보는 것도 좋은 방법이다. 크게 성공한 사람들은 다른 사람들이 성공할 수 있도록 도와준다. 그들을 따라 해서 다른 사람이 성공하도록 도와준다면 당신은 큰 성과를 얻게 될 것이다. 이것은 기적이 아니라 당연한 '인과'다.

무언가를 얻고 싶다면 다른 사람이 그것을 얻을 수 있게 하자. 남의 관심을 받고 싶으면 먼저 남에게 관심을 줘야 한다. 용서를 받고 싶다면 먼저 용서해야 한다. 칭찬을 받고 싶으면 먼저 칭찬을 해야 한다. 행복을 얻고 싶으면 먼저 행복을 줘야 한다. 성공하고 싶으면 남이 성공할 수 있도록 먼저 도와줘야 한다.

자기가 하기 싫은 일은 남에게도 하게 해서는 안 되고, 자기가 하고 싶은 게 있으면 남에게 먼저 하게 해줘야 한다. 남이 원하는 것을 이룰 수 있도록 도와주면 당신도 원하는 것을 이룰 수 있다.

우리는 보통 남과 나를 구분 짓는다. 나와 남을 별개의 존재로 여기는 것이다. 우리가 성공하기 힘들고 행복하기 힘든 이유가 바로 여기에 있다. 과연 남을 배척한다고 자신이 위로 올라갈 수 있을까? 목표에 도달한 뒤 그곳으로 오는 길을 다 막아서 남이 못 오게 만들어버리면 자신도 돌아갈 길이 없는 것 아닌가? 주변 사람들이 모두 괴롭고 슬픈데 당신 혼자 즐겁고 행복할 수 있을까? 모두가 얼굴을 찌푸리고 있는데 당신 혼자만 웃을 수 있을까?

공자는 "자신이 서고자 하는 곳에 남을 세우고, 자신이 이루고자 하는 것을 남이 먼저 이루게 하라."고 했다. '내가 행복하니 당신도 행복하면 좋겠다.', '내가 성공했으니 당신이 성공할 수 있도록 돕겠다.'는 마음이 필요하다. 혼자서만 누리면 한 가지 색만 볼 수 있지만, 함께 누리면 다른 사람을 통해 다양한 색을 볼 수 있다.

그렇게 넓은 마음을 갖고 남을 배려하다 보면 당신의 세상도 덩달아 크고 넓어질 것이다.

철학으로 깨우치기

행복이란 어떤 좋은 일이 내게 생기는 것이 아니라, 내가 좋은 일을 하는 것이다. 무엇을 얻어내는 것이 아니라 내가 세상을 위해 무엇을 내주는 것이다. 아일랜드 극작가 조지 버나드 쇼의 말을 소개하겠다. "사람은 스스로 가장 중요하게 여기는 목적을 위해 자신이 쓰일 때 인생의 진정한 기쁨을 느낀다. 혼자만 빛나려는 이기적인 몸뚱이는 세상이 나에게 기쁨을 주지 않는다고 불평만 한다."

아침에 집을 나서기 전에 한 번씩 이런 생각을 해보면 좋겠다. "오늘 나는 세상이 아름다워지도록 어떤 일을 할 수 있을까?"

'남을 통해 무엇을 얻을 것인가?'라고 생각하지 말고 '남에게 무엇을 해줄 수 있는가?', '내가 필요한 곳이 있을까?'라고 생각하며 살아가자. 그럼 소중한 인연을 많이 만날 것이고 하루하루가 즐거워질 것이며 세상이 진정으로 넓어질 것이다.

「格局, 決定你的結局(暢銷10周年 紀念版)」

Copyright© 何權峰 2020
Korean translation rights© 2021 JEONGJIN PUBLISHING COMPANY(JEONGJINLIFE)
All rights reserved.
Original complex Chinese edition published in Taiwan by
HO, CHUAN-FENG
Korean translation rights arranged with HO, CHUAN-FENG
through KEIO CULTURAL ENTERPRISE CO., LTD. and Shinwon Agency Co.

당신의 격이
당신의 인생을 만든다

초판 1쇄 인쇄 2021년 6월 5일
초판 1쇄 발행 2021년 6월 10일

발행인 박해성
발행처 (주)정진라이프

지은이 허췐펑
옮긴이 신혜영

출판등록 2016년 5월 11일
주소 02752 서울특별시 성북구 화랑로 119-8, 3층(하월곡동)
전화 02-917-9900
팩스 02-917-9907
홈페이지 www.jeongjinpub.co.kr

편집 김양미
디자인 프리콤
기획마케팅 박상훈 · 이민희

ISBN 979-11-90027-04-5 03190